事情だすけに役立つ法律知識

羽成 守
Hanari Mamoru

天理教道友社

事情だすけに役立つ法律知識

はじめに

天保《てんぽう》九（一八三八）年の立教以来、お道は、をびや許しと、おさづけの取り次ぎによる身上だすけを中心として、国内はもとより世界各地へと広まっていきました。おさづけの理は、医療が高度に発達した現代だからこそ、この教えの神髄《しんずい》である身上「かしもの・かりものの理」を深く心に治めるうえで不可欠だといえます。

教会長をはじめ布教に携わる方の、おさづけの取り次ぎによる身上だすけへの熱意は昔も今も変わりません。

一方、最近増えてきたといわれる〝事情だすけ〟についてはどうでしょう。身上も事情も、その原因が心の使い方にあることはご承知の通りです。だからといって、これまでの心遣いを反省したならば、たとえばサラ金からの借金が消えて、催促がなくなるというわけにはいかないものです。それゆえ、事情だすけについては、尻込《しりご》みをしてしまう人もいるかもしれません。

もちろん、借り手の支払い能力を見極めずに、誰《だれ》にでもお金を貸してしまうサラ金業者の側に問題はあります。

確かにそうであっても、安易にお金を借りてしまう当人が心を入れ替えなければ、根本的な解決には至りません。地道に働いて借金を返済するまでに導くことが、おたすけのうえでは何より大切なのです。

そのためにも、サラ金からの催促を一時的にせよ止める方法、あるいは根本的な解決策としての「破産」をはじめ、どのような対策があるのかといった基本的な知識、特に法律知識が必要となってくるのです。

身上で苦しんでいる人には、まず、その病による痛みやつらさを取ってあげることが先決であるように、事情で悩んでいる人にも、まずは目先の苦しみや困難な状況を少しでも改善することが、真のたすかりである〝心だすけ〟にまで導く一つの道筋だと考えます。身上の修理肥である「医者・薬」が、事情の場合は「弁護士・法律知識」ということになるかと思います。

事情だすけの代表はサラ金、離婚、遺産相続

私は都内で教会をお預かりしていますが、弁護士として法律事務所も開いています。

そのせいか、信者さんから事情に関する相談を受けることがよくあります。

相談の内容によっては、とりあえず法律的な説明や手続きを必要とする場合、面倒

でも法律事務所に来てもらい、弁護士としての立場から、まず話をします。いま苦しみの渦中《かちゅう》にある人に、いきなり心の持ち方を諭しても、なかなか素直に耳を傾けてくれないからです。そして、一時的な法律上の処理をしたあとで、精神的に少しゆとりが出てきたら、教会で心の面のおたすけをさせてもらいます。

私が携わってきた中で、最近の事情の代表的なものを三つ挙げるならば、サラ金、離婚、それに遺産相続の問題ということになるでしょうか。もちろん、借地・借家、損害賠償、少年非行、相隣《そうりん》関係（土地の境界など、隣接する不動産の所有権に関《かか》わること）、債務不履行《ふりこう》、あるいはリストラといった問題も、毎日のように相談が来ています。

教会長として、信者さんからこのような相談を受けたとき、最低限の法律知識を持っていれば、信者さんも必要以上に悩むことなく、少なくとも事態をそれ以上悪くすることもなくなります。「これはもう、弁護士に相談するしかない」という判断ができるだけで、事情のおたすけに掛かる糸口としては十分なのです。また、そのことによって、教会と教会長さんに対する信頼感も一層強くなることでしょう。

法律の流れを知り、悩める人と解決の道を

とはいえ、確かに法律は簡単ではありません。しかし、具体的なケースを通して、最初からひと通りの手続きを、事情で悩んでいる人と一緒になって親身に行うなら、法律というものの大体の流れが分かってきます。

たとえば、サラ金にしても離婚にしても、人それぞれ具体的な事情は異なりますが、適用される法律はすべて同じです。その中から、それぞれの事情によって、どの手続き、どの方法をとればよいかを考えることになるわけです。

そこで、手始めに、事情で悩んでいる人と一緒に、解決のための手続きを踏んでみましょう。そうした取り組みを繰り返していく中から、教会長として必要とされる最低限の法律的な考え方や、ある程度、先を見通す力が身についてきます。

本書では、個別の事情の相談に応じて、その解決のポイントを分かりやすく説明していきますので、ぜひとも、おたすけのうえに役立ててください。

著者

目次

装丁／挿絵――――森本　誠

第1章

サラ金・ヤミ金融問題

夫がサラ金から多額の借金。妻に返済の義務はあるの？

相談

夫がサラリーマン金融から多額の借金をしていました。担保や保証人もないのに、なぜ、そんなにお金を貸し出すのか不思議です。妻である私も、夫の借金に対する責任があるのでしょうか。また、サラ金の高利は法律上、許されているのでしょうか。（主婦）

現代の〝事情だすけ〟の代表格はサラ金問題

自動貸出機の普及で生まれた〝サラ金禍〟

消費者金融や銀行、信販会社からの借金で悩む人はあとを絶ちません。私たち法律に携わっている者は、これらを「サラ金・クレジット問題」と呼んでいます。以下は「サラ金」と略して説明します。

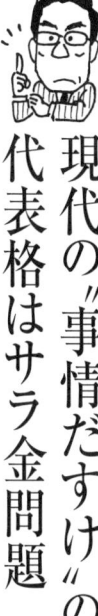

サラ金業者の宣伝が氾濫《はんらん》しています。スマートなテレビコマーシャル、貸し付け手続きの簡便さ、そして何より、自動貸出機《かしだしき》の普及で、誰《だれ》にも知られずに借金できる気安さなどから、多重債務者といわれる人が急増しています。いわば現代社会ならではの〝サラ金禍《か》〟とでもいうべき状況が生まれているのです。

サラ金の特色は、保証人や担保なしにお金が借りられるということです。しかも、当初は貸付限度額が三十万円程度であっても、数回きちんと返済すると、「あなたは優良会員ですので五十万円まで融資《ゆうし》します」と、借金で肩身の狭い思いをしている人の気持ちをくすぐり、すぐに追加の貸し付けを勧めるなどして、借金はまたたく間に膨《ふく》らんでしまいます。

サラ金の大手業者では、利息は「利息制限法」メモ①を大幅に超える年二九・二パーセントが普通です。それ以外の業者では、手数料や調査料、あるいは書類作成料などを名目に、実際の貸付金から差し引くといった方法で、実質の利息を年四〇パーセント以上にしているところもあります。

たとえば、三十万円を借りて二十回分割で返済する場合、利息が年三〇パ

メモ①

【利息制限法】利息制限法は、金銭の消費貸借の利息についての利率を定め、それ以上の利息をとる契約を無効としています。

(1)　元本10万円未満　年20%
　　元本10万円以上100万円未満　年18%
　　元本100万円以上　年15%
(2)　遅延損害金は、(1)に定めた利率の1.46倍以下

私まで背負わなければならないの?

ーセントとすると、毎月二万円くらいずつ支払っても、業者の計算では、ほとんど元金《がんきん》は減らず、延々と支払い続けなければなりません。そして、さらに借り増しをすると、利息分の返済だけでも苦しくなり、そのために、また別の業者から借りるという悪循環が始まります。

このようにして、借金が三百万円くらいになるのはアッという間《ま》ですし、その間《かん》に返済が遅滞《ちたい》すれば、さらに高率の遅延損害金を請求されることになります。そうなれば、一カ月に十万円くらいずつ支払っても、元金が一向に減らないという事態に陥ってしまいます。

私の経験では、「自己破産」にまで至らないで解決できる一つの目安は、借金額が三百万円程度ではないでしょうか。この程度の金額に至る前に、弁護士にご相談くだされば、いろいろな選択肢《せんたくし》を考えることもでき、早期の解決が可能となります。

夫の借金はあくまで夫に責任がある

夫が妻に内緒で借金をしたり、その逆に、妻が夫の知らないところで借金をした場合、夫婦の一方は返済の責任を負《お》うべきなのでしょうか。

一般に成人の場合、自分の意思と関係なく、他人の行為によって法律上の債務を負う必要はありません。夫は夫、妻は妻なのです。

ところが、民法では、夫婦が共同して生活するうえでの日常の家事から生ずる債務は、夫婦の連帯責任とされています（七六一条）。サラ金業者は、この条文を使って「生活が苦しいから生活費として夫が借金した以上、奥さんにも支払い義務がある」と妻に請求してくることがあります。

このような場合、サラ金からの借金を確かに生活費に充《あ》てていたとしても、生活費が不足した直接の原因が、夫のギャンブルや飲食代などであるときは、

メモ②

【債務の承認（債務の引受・追認）】一般的には、もともと完全な法的効果を生じないとされている法律行為を、あとから認めて完全な法的効果を生じさせようとする意思表示のことをいいます。勝手に名前を使われた場合（無権代理）や、もともと債務がない場合に、それを知っていてあえて支払うと、自ら債務があることを承認したと見なされ、その後は自分の債務として返済しなければならなくなります。

日常の家事による債務とはなりません。

　裁判所も、夫婦の一方の借金が「日常家事債務」と認められるのは、夫や妻の法律行為の相手となる者（この場合はサラ金業者）がお金を貸す際に、「その夫婦の日常の家事に関する法律行為に属すると信ずるにつき正当の理由のあるとき」に限ると厳格に解しています。ですから、サラ金からの借金は、原則として日常家事債務の対象となることはなく、ご質問の奥さんも、夫の借金に対して責任を負うことはありません。毅然《きぜん》として断りましょう。

　ただし、業者のしつこい請求に根負けして、たとえ少額でも支払ってしまうと、「債務の承認」（メモ②）ということになって、支払い責任が生じることもありますので気をつけてください。

法律間の〝グレーゾーン〟に注意

　わが国には奇妙な法律があります。「出資法」（メモ③）がそれです。

　出資法とは、正確には「出資の受入《うけ》れ、預《あず》かり金及《およ》び金利等の取締《とりしま》りに関する法律」といい、高金利の処罰《しょばつ》をするものです。普通の人が他人にお金を貸

メモ③

【出資法】 出資法は、高金利による金銭の貸し付けを禁止するもので、違反した者は処罰されます（５年以下の懲役もしくは1000万円以下の罰金、またはこれを併科する）。

(1) 業者でない者の金銭貸し付け
年109.5%（1日当たり0.3%、うるう年は年109.8%）

(2) 業者の金銭貸し付け
年29.2%（1日当たり0.08%、うるう年は29.28%）

すとき、年一〇九・五パーセントを超える契約をすると処罰されます。

罰則は、五年以下の懲役《ちょうえき》もしくは一千万円以下の罰金、もしくは、これが併科《へいか》されるという厳しいものです。

しかし、金銭の貸し付けを業として行う者（たとえばサラ金業者）の場合は、年二九・二パーセントまで制限が下がり、違反した場合の罰則も、右と同じものとなります。

たとえば、サラ金業者から百万円を借りる場合、利息制限法では年一五パーセントが上限とされていますから、十五万円以上の利息は許されず、それ以上の利息を支払う必要はありません。

ところが出資法では、年二九・二パーセントの利息まで許されていますので、サラ金業者は二十九万二千円の利息の支払いを請求してきます。ならば、利息制限法との差額十四万二千円は、どうなってしまうのでしょうか。

これについて、国は次のように説明しています。すなわち、利息制限法違反の利息の支払いは無効であるが、業者が罰せられるのは、出資法に定める制限を超えた利息を受け取ったときに限る——というのです。要するに、利息制限法の定めを超えて利息をとることは違法だが、処罰はしない。処罰するのは、出資法の定めを超えたとき、ということになります。

そうなると、先ほど計算した利息制限法と出資法の中間の、いわば〝グレーゾーン〟となる十四万二千円については、それを受け取ったサラ金業者は違法であるが処罰されない、ということになります。

しかし、違法であることに変わりはありませんから、いったん支払った債務者は、サラ金業者に対し、利息制限法違反として返還してもらうことができるのです。

たとえば、元金百万円を借りて、一年間で利息三十万円と合わせて百三十万円を完済したときは、利息制限法による利息は十五万円でよいのですから、十五万円分が過払《かばら》いとなり、その分の返還をサラ金業者に請求できるのです。

ほとんどの業者は、裁判になると負けることが分かっていますから、請求をすれば、比較的素直に返還に応じてくれます。

ただ、悪質な業者は「納得して支払ったんだろう」と凄《すご》んでくることがありますので、注意が必要です。現在、裁判所は、消費者が納得して高利を支払うことなどを認めることはありませんので、決してあきらめないことです。

もし、全部の元金を返済し終わっていない場合なら、グレーゾーンの支払い分は元金を支払ったこととして（これを「元金充当《じゅうとう》」という）、その残りを返せばよいということになります。

コラム

【みなし弁済】一定の条件が整えば、貸金業者が利息制限法の上限金利を超えた利息を受領しても違法ではない、というのが「みなし弁済」です。貸金業法43条に規定がありますが、裁判所は極めて厳格な要件を設定し、事実上「みなし弁済」を認めていません。

また、毎月の分割返済をしていた人は、一カ月ごとの利息の元金充当計算をすれば、ほとんどの場合、業者への過払いになっていますので、返還請求ができます。ただし、この計算は複雑なので、弁護士などの法律相談を受けることをお勧めします。

解決方法はケースごとに検討すべし

サラ金問題を解決するには、いくつもの方法があります。どの方法を選ぶべきか、十分な検討が必要です。というのは、その人の社会的地位、職業、収入、資産、家族構成、資金援助者の有無、今後の生活、その他もろもろのことを考慮する必要があるからです。

たとえば独身者は、自己破産を選択しても、当座の影響は比較的小さいでしょうが、家族のある住宅ローン支払い中の会社員が自己破産をすれば、住まいを失い、場合によっては会社を辞《や》めざるを得ないこともあります。逆に、若い独身者が安易に破産をすると、将来、事業等に失敗してやむなく破産せざるを得ないとき、すでに破産や免責《めんせき》を受けていたために、そのとき免責・復《ふっ》権《けん》を受けられないという事態も考えなければなりません。

また、ある程度まとまった金額を融資してくれる援助者がいるときは、サラ金業者に対し、債務の一部を一時金として支払い、残りの支払いを免除してもらう方法もあります。

このように、ひと口にサラ金問題の解決方法と言っても、債務者一人ひとりに特有の事情があるので、それにふさわしい最も適切な方法をとる必要があります。具体的には、

①サラ金の返済がなかなか終了しないのは、払う以上に利息が発生するから。そこで、返済計画を組み直し、一回当たりの支払いを、支払いやすい金額にしたうえで利息の発生を止めたり、利息の一部を免除してもらう「債務弁済《べんさい》契約」

②元金と利息を一律カットし、その代わりに一定の金額を一括して支払ったり、分割して支払うことで残りの債務を免除してもらう「任意整理」

③裁判所に申し立てを行い、すべての債務を免除してもらう「自己破産」

④自己破産をすると、たとえば住宅ローンの支払い中の者は、その家まで失ってしまうことになるので、ローン支払いについての弁済計画を組み直すことを裁判所に認めてもらう「個人再生手続《てつづき》」

などがあります。

いずれの方法にも法律知識は不可欠ですので、弁護士とよく相談して行うようにしてください。各地の弁護士会には、比較的安い手数料で相談や事件処理をしてくれる「サラ金・クレジット相談所」などがありますので、利用してみてはいかがでしょうか。

信者の家族の借金を教会が肩代わりしてもいい？

相談

「息子（30歳）がサラ金から多額の借金をした」と、信者さんが相談に来られました。その信者さんは、これまで教会活動に力を尽くされ、息子さんも随分反省しているようです。教会としては、いまなら多少の余裕があるので、借金を肩代わりしてもいいと思っています。どんなことに気をつけたらいいでしょうか。（教会長）

サラ金に手を出す人は「やさしい性格」が多い

サラ金に手を出す人の心理

現在、サラ金による多重債務者の増加が社会問題となっています。また、一般常識として、サラ金からの借金返済がいかに大変かを知らない人は、ほとんどいないはずです。それなのに、サラ金からお金を借りてしまう人は、あとを絶ちません。私は、その人たちの心理には共通するものがあると考えています。

私の経験から言えば、サラ金問題で悩む人には「性格のやさしい人」が多いように思います。頑固《がんこ》な人、融通《ゆうずう》のきかない人は少ないようです。「やさしい」とは半面、優柔不断、決断ができない、ということにもつながります。自分の返済能力以上のお金は借りない、借りたら返す、といった当たり前のことができず、つい借金を重ねてしまうのです。

この人たちが必ず口にするのが、「いまになんとかなる」という言葉です。ちょっと冷静に考えれば、なんともならなかったからサラ金からお金を借りたのに、どうして「なんとかなる」のでしょうか? 給料や収入が定まっている人が、借金した分を一度に返せるはずはないのに、「いまになんとかなる」と思い続けて借金を重ねているのです。こうした傾向は、サラ金に手を出す人に共通する心理といっても過言ではないでしょう。

そして、困ったことに、このような人たちに対し、深く考えないで金銭的な援助をしてしまう人が出てきます。夫婦の一方や親・兄弟姉妹《きょうだい》、場合によっては教会が債務を肩代わりしてしまうことさえあります。しかし、そのような方法では、決して〝事情だすけ〟はできません。

肩代わりをする人が出てきたら、多重債務者は「やっぱり、なんとかなった」と思うだけで、少し時間が経《た》てば、また借金を始めてしまいます。

借金を肩代わりした人は「これで一件落着。本人も反省しているようだし、サラ金から二度と借金しないだろう」と思うでしょうが、それは甘い判断です。本人は「借金で困っても、いずれ誰《だれ》かがなんとかしてくれる」とますます依頼心を募《つの》らせてしまい、サラ金業者も「また返済が滞《とどこお》れば、周囲の人がメモ①代位弁済《べんさい》してくれる」と味をしめ、いままでと同様に、本人に貸し付けを続けます。業者は、本人より周囲の人たちからの返済を期待しているのです。

多重債務者は一種の「依存症」

このように、教会が借金の肩代わりをすることは、何の解決にもなりません。本人はもちろん、サラ金業者も「教会を突っつけば払ってもらえる」と考えるようになり、かえって被害を大きくしてしまいます。

教会とは、寄り来る人々の心をたすけさせてもらう場所で、基本的に、お金や物でおたすけをするべきではない、と私は考えています。もちろん、心をたすけるために、お金や物が必要なときもありますが、サラ金に代位弁済することは、決して真のおたすけにはつながらないでしょう。

メモ①

【代位弁済】債務者以外の第三者が弁済をすることをいいます。本来は、債務を負《お》っていないが、債務者に代わって弁済することから、こう呼ばれています。代位弁済者は、債権者に弁済した金額を、今度は債務者に対して請求できます。これを「求償《きゅうしょう》」といいます。なお、保証人や連帯債務者のために弁済することも代位弁済と呼びますが、これは支払い義務が伴うので、本文の意味とは異なります。

借金の肩代わりは、何の解決にもならない

サラ金からの多重債務者は、一種の「依存症」[メモ②]と言えるかもしれません。心が病んでいるのです。自らの心の弱さを認識し、真に「いんねんの自覚」をしない限り、決して治ることはないと思います。自分の資力や収入を超えても欲しい物は欲しい、借金してでも買う。自力で返せないことも、サラ金に手を出すのは悪いことと分かっていても、我慢《がまん》できずに借金を重ねてしまうからです。

このような人たちに、いくら口で説いても効果は期待できません。悪いことをしていると、当の本人が一番よく分かっているのですから。

ここに、教会の出番があります。

メモ②

【依存症】 麻薬や睡眠薬といった薬物、アルコールなどを過度に摂取したり、クレジットカードによる買い物などで生活が破綻《はたん》しているにもかかわらず、常習化することをいいます。各種の依存症は、精神面に原因があるとされています。詳しく知りたい方は『道と社会』(天理やまと文化会議編、天理教道友社刊)の「アルコール依存症のおたすけ」を参照してください。

温かく見守りつつ何もしない

　本来、親神様が自由に使うことを許された心が自由にならない、分かっていてもやめられないという、こうした心の不自由をたすけられるのは、お道の布教師だけです。

　一見、冷たい仕打ちのようですが、サラ金問題に悩む人へのおたすけは、温かく見守りつつ何もしない、というところから始まります。サラ金業者の厳しい取り立て、仕事への支障、家庭崩壊が進む状況を、本人が逃げずに受けとめる中で、結局は誰の手助けも得られずに困り果て、本心から「たすけてほしい」と思うまで、こちらが先回りをしてはいけません。

　自分がしでかしたことを自覚し、誰の手

メモ③

【特定調停】任意整理のための原資はなくても、勤め先がしっかりしていて、給料など定期的な収入はあるが、いくら支払っても元金が減らない、という人には、「特定調停」という制度が有効です。

　これは、各地の簡易裁判所の民事調停の中の一つの手続きとして行われているものですが、利息制限法に引き直して計算した元金を40～50回程度に分割して支払う方法です。たとえば、毎月の収入が30万円あり、借金の返済に回せる余裕が10万円あるとします。この人の場合、借金の元金が400万円なら、その2%は8万円で、これを50回払いなら、余裕をもって返済することができます。

　元金の2.5%は10万円ですから、この場合なら40回払い、すなわち3年と4カ月で完済できることになります。

　特定調停では、このように借金額の2～2.5%くらいの金額を毎月支払える能力があるなら、裁判所の決定で、支払い額を決めてくれるのです。

　ただ、毎月の収入が低く、借金返済に回せる資金が月額5万円くらいの人は、50回払いとしても250万円以上の負債があると返済がきつくなります。このような人が400万円の借金を抱えると、いくら特定調停でも解決は困難で、破産申し立てを勧められることになります。

　特定調停は、債権者（サラ金業者など）の住所や借り入れ額が分かれば、弁護士を頼まずに個人でもできます。近くの簡易裁判所の民事調停係へ行くと、申し立ての方法を親切に教えてくれます。そのあとは、民事調停委員が申立人になり代わって債権者と話し合いを進めてくれますので、早めに相談に行くことをお勧めします。

助けも得られなくなった苦しみを身にしみて感じるとき、初めて神様のお話が聞けるようになる、というのが私の経験からくる、この種のおたすけのキーポイントです。

おたすけに掛かるほうも、苦しむ様子を黙って見ているのはつらいものですが、そこを通り抜けないと、必ず〝再発〟するのがサラ金問題なのです。

保証人になったり代位弁済をしてはいけない

ところで、まだ借金の額も小さく（三百万円程度が目安）、本人が仕事に就《つ》いていて、毎月一定の収入があるのなら、私的に、あるいは「特定調停[メモ③]」を経て、あらためて「債務弁済契約」を結ぶという方法が効果的です。

サラ金の借金返済が大変なのは、毎月大きな金利がつくからです。そこで、現在の借金の元金《がんきん》に、ある程度の金額をプラスして債務額を固定し、それを毎月分割払いで支払う方法がとれれば、必ず返済できます。

たとえば借金額が二百万円あり、毎月給料を得ている場合、利息分として十万円を加え、元金と利息の合計を二百十万円にして、これを毎月七万円ずつ三十回払いで支払う――といったやり方です。

あるいは、「利息制限法」(14ページ参照)によって計算をし直すことで元金を小さくし、それを固定して分割で支払うといった方法もあります。ここで何より大切なのは、約束した支払いを本人が履行《りこう》することですが、ここにも教会の出番があります。

「本人を教会に住み込ませて、教会としてしっかり監督し、必ず支払わせます」と、サラ金業者を説得するのです。もちろん住み込ませなくても、「私どもの教会の信者なので、責任をもってきちんと支払わせます」と言うことでもよいでしょう。ここで忘れてならないのは、「教会として保証人になることはしません」と、最初にはっきり業者に伝えることです。そのうえで、自信をもって本人を監督できることを宣言するのです。

サラ金業者としても、しっかりした人が債務者のそばにいて、約束を履行するように促してくれるだけでも返済が確実になり、また、一々催促する手間も省けるので間尺《ましゃく》に合う、ということになります。

これらの交渉をするときは、堂々と「私は天理教の布教師です」と名乗ってください。宗教者としての責任と社会的な信用度の高さを実感できる機会です。くれぐれも保証人になったり、代位弁済などしないよう注意してください。

「任意整理」の際は反省の度合いを確かめる

債務者の周囲の協力によって、ある程度まとまったお金が用意できる場合は、「任意整理」メモ④が有効です。

たとえば、借金額が五百万円近くに上っており、債務弁済契約を結ぼうにも、完済までかなりの長期にわたるので、それもできないとき、親や知人から一定額（この場合は三百万円くらい必要）を借りられるというようなケースです。

つまり、この三百万円を返済原資に充《あ》て、各債権者（サラ金業者）に六〇パーセントずつ平等に一括して弁済することで、残りの四〇パーセント分と利息を放棄《ほうき》してもらうといったやり方です。その際、債権者に支払う割合については、これまでの返済総額や、本人の職業、収入、財産（家やマンションの所有の有無など）の状態によって変わってきます。

では、なぜ債権者は、自分の持つ債権額を大幅に減らしてまで債務者に譲歩するのでしょうか。それは、もし債務者に「破産」でもされたら、貸し付けた金額を全く、あるいはほとんど回収できなくなるからです。債権額を多

メモ④

【任意整理】法が定める破産、和議、会社更生などの手続きによらないで、債務者と多数債権者との私的な合意に基づいて清算、再建の手続きをとる方法。私的整理、内整理などともいいます。法的手続きが時間や費用を要するのに比べ、迅速《じんそく》、簡便さが特長で、何より破産などの経歴が残りません。しかし、多数債権者の協力が得られないと成功しません。

少マケてでも、払ってもらえるうちに回収しようという気持ちから、任意整理に応じるわけです。

私の経験では、右に述べたように、ある程度まとまった金額を一括して支払うほうがうまくいきやすいのですが、一定額を分割払いするという方法もあります。

この任意整理という方法は、すでに支払った利息分の計算が必要ですし、債権者の全部が了解してくれないと実現が難しいので、弁護士に依頼するほうがよいでしょう。その場合、実費のほか、弁護士に支払う費用も必要になります。

債務者としては、サラ金業者に対する借金が一度になくなり、あとは自分の能力の範囲内で協力してくれた人に返済していけばよいので、精神的には一番安心できる方法といえるでしょう。

ただし、任意整理の場合、いわば一瞬にして業者からの借金がなくなり、苦しみから逃《のが》れられるため、本人に真のいんねんの自覚がなければ、少し時間が経つと、またサラ金に手を出すという悪循環に陥ってしまいます。

せっかく任意整理で借金がなくなったのに、再び多額の借金をした揚げ句、結局は「破産」せざるを得ないという事態になれば、最初から「破産手続《てつづき》」をすればよかった、ということにもなりかねません。

この場合も、先に述べたように、教会が返済原資を貸すようなことは避けるべきです。

サラ金から借金重ね親族に見放された。「自己破産」すると、どんな不利益が？

相談

サラ金から多額の借金をした人に、にをいが掛かりました。これまで何回も親族が代わって返済してきましたが、本人に反省の色はなく、もはや見放されてしまったようです。本人は「自己破産する」と言っていますが、その手続きは、どのようなものですか。また、破産した場合、どんな不利益が生じるのでしょうか。

（教会長）

安易な「自己破産」はおたすけにつながらない

「自己破産」は、あくまで緊急避難的措置

あちこちのサラ金業者、クレジット会社から多額の借金をしている人を「多重債務者」と呼びます。

多重債務者となってしまった場合、これまでに説明した「債務弁済《べんさい》契約」や「任意整理」などによる解決の仕方がありますが、これらの方法には、いずれも相応の支払い原資が必要です。

それでは、支払い原資のない人、つまり毎日の生活に精いっぱいで、借金を返す余裕のない人は、どうしたらいいのでしょうか。

その解決方法の一つが「破産」メモ①です。破産は本来、債権者の申し立てによって、債務者が特定の債権者にだけ弁済するという不公平をなくすために、裁判所が債務者の財産を強制的に金銭に換えて、債権者に公平に分配するものとして立案されました。

一方、自分の経済状態をよく知っているのは自分自身ですから、現在の資力では到底すべての債権者に弁済することはできないときとか、特定の（たとえば暴力的な取り立てをする）債権者だけが弁済を受けそうだというときに、債務者自ら破産を申し立てるのが「自己破産」です。

破産を申し立て、その後に「免責《めんせき》」と「復権《ふっけん》」（38ページ参照）を受ければ、すべての債務の支払いが免除されるので、若者の中には「借金しても破産をすれば借金がチャラになる」などと安易に考えている人もいるようです。

メモ①

【破産と倒産】「破産」は法律に定められた制度で、裁判所がその手続きを進行させるもの。一方、「倒産」という言葉は法律用語ではありませんが、債務超過、手形の不渡《ふわたり》処分などを受けると「事実上の倒産」という表現をします。社会的には、正常の業務ができない資産状態に陥ったことを倒産といい、法律上の破産、会社更生、民事再生などの手続きが始まることも、広い意味で倒産といいます。

自己破産は、社会的信用も失ってしまう

しかし、破産をすれば、住所、氏名等を裁判所によって公にされ、信用情報機関や各金融機関のブラックリストに載《の》せられたりするので、将来にも大きな影響が出てきます。したがって、やむを得ないとき以外は考えないほうがよいでしょう。

では、どんな場合に破産を選択するのでしょうか。たとえば借金が多額で、債務弁済契約を結ぶことさえ難しい人、任意整理をするための支払い原資のない人、そして債権者の取り立てが厳しく、家庭生活も崩壊の危機にある人など、あくまでせっぱ詰まった状態における緊急避難的措置《そち》だということです。

破産申し立てから破産宣告までの手続き

自己破産の申し立ては、債務者の住所地（住民登録をしている所）の地方裁判所に行います。

申し立てる際は、次のような書類や資料を用意しなければなりません。

①破産申立書《もうしたてしょ》

②資産目録（過去二年以内に預貯金口座を開設したことの有無、過去五年間に二十万円以上の物を購入したことの有無、保険・有価証券の有無、給与・賞与額などを記載したもの）

③家計全体の状況報告書（申し立て直前の二カ月分の家計の状況を明らかにしたもの。水道・光熱費、電話代、教育費、交通費、娯楽費、交際費、それに返済などの詳細を記載したもの）

④陳述書《ちんじゅつしょ》（過去十年の職歴、破産申し立てに至った具体的事情、生活状況、破産申し立て費用の調達方法などを詳細に記入したもの）

⑤債権者一覧表（債権者の住所、借入年月日、現在の元利合計残高、最終返済日などを記入したもの）

⑥戸籍謄本《とうほん》

⑦住民票の写し

⑧給与明細書か源泉徴収書《げんせんちょうしゅうしょ》

⑨離職票か退職金支給証明書（場合によっては、退職金の支払い見込み額を記載した計算書等でもよいとされている）

これ以外に、

⑩免責不許可事由《じゆう》の不存在（申し立てまでに、申立人が当時の資産・収入に見合わない過大な支出、その他ギャンブルをしなかったことを陳述したもの。これが認められれば、裁判所によって免責・復権がなされることになる。パチンコもギャンブルだが、月に二、三回程度なら免責が認められることが多い）

なども提出します。

弁護士に依頼しないときは、裁判所の破産窓口に行けば①〜⑤の書式などを教えてくれます。このほか預金通帳の写し、生命保険証書の写しなどの提出を求められることがありますので、事前に準備しておいてください。

申し立ての費用は、手数料六百円ですが、債務者に財産があれば、裁判所が管財人を選任しますので、手続きの費用として三十万円から五十万円程度が必要になります。

なお、破産申し立てを迅速《じんそく》・確実に進めるため、弁護士に依頼する際には、債務額に応じた弁護士費用がかかります。

また、債務者が財産をほとんど持っていない場合は、管財人を選任せず、「破産宣告」と同時に「破産手続《てつづき》」を終了させる「同時廃止」の決定がなされます。このとき、五万円程度を裁判所に納付すればよい、ということになります。この費用は、破産申し立て時に全額支払わなければなりません。

申し立てると、裁判所が審査をして破産宣告をすることになりますが、申し立てから宣告まで数カ月かかる場合もあります。この間、債権者からの取り立てもあり得ますので、弁護士から各債権者へ「すでに破産申し立てをしたので、取り立てても、あとで返還してもらうことになります」（これを否認メモ②権の行使という）という通知を出してもらうのが有効です。

東京や大阪などの裁判所では、弁護士がついた破産申し立てについては即日、破産宣告をすることもあります。

破産宣告による法律上・経済上の不利益

個人債務者が破産宣告を受けても、選挙権を失うことはありません。戸籍や住民票への記載などもありません。

ただし、弁護士、公認会計士、宅地建物取引業者、遺言執行者、あるいは株式会社の取締役、監査役、法人の理事などの役職には就《つ》けなくなります。

メモ②

【否認権の行使】破産状態の債務者が、一部の債権者にのみ弁済したような場合、債権者の公平を害することから、その効力を失わせて債務者の財産を回復する制度をいいます。管財人が行使し、その行為を否認することから「否認権の行使」と呼ばれています。したがって、ほかの債権者を抜け駆けして、自分だけ弁済を受けても、結局は取り戻されることになります。

また破産者は、裁判所の許可なく申し立て時の住所を離れることができなくなり、管財人がついた場合は、破産者宛《あ》ての郵便物は管財人にすべて配達され、内容を調査されることがあります。なお、近ごろ利用者が増えている成年後見《こうけん》制度（138ページ参照）における成年後見人、保佐人、補助人などにも破産者はなれません。

法律上の不利益としては以上のことが挙げられますが、問題は経済上の不利益です。破産をすると、経済的な信用はゼロとなりますから、クレジットカードなどは解約され、ローン等も直《ただ》ちに一括返済を求められ、土地が担保になっている場合には「競売《けいばい》」（裁判所による売却で、一番高い価格で入札した人が購入できる）にかけられることになります。さらに、新規に融資を受けようとしても、銀行は絶対に貸してくれません。ローンを組むことも不可能になります。

ここで注意しなければならないのは、破産をしても、直ちに債務が免除されるわけではないということです。破産というのは、破産者の財産を債権者に平等に分配（配当）することですから、全額を分配し終えない限り、債務が残っていることになります。破産したということ自体、実際に財産がないことを意味しているので、それ以上の取り立てを受けることはないのですが、サラリーマンのように毎月の収入がある場合、債権者によっては、給料の差し押さえを求められることがあります。

この場合、次に述べる「免責」の決定を受けるまでは、差し押さえ債権者に支払わなければならないことになりますので、弁護士に相談してください。

破産は〝一生に一度のカード〟と考えよ

破産宣告後、債権者に配当がなされたあとに残った債務については、「免責」という制度で対処することになります。

これは、誠実な債務者を救うため、法律で特別に債務の支払いを免除し、また破産宣告によって失った法律上の資格等を破産前の状態に回復する制度です。後者を特に「復権」といいます。

免責申し立ては、個人の破産者にだけ認められた制度です。法人の破産には適用がありません。「お金の失敗については特別に許そう」という法律ですので、不誠実な破産者の免責・復権は認められません。

たとえば、浪費やギャンブルが主要な原因で借金をした場合、またクレジットカードなどで商品を買い、すぐに格安の値段で転売したり質に入れたりして現金を取得した場合、さらに、すで

メモ③

【給料の差し押さえ】給料は、その４分の１しか差し押さえることはできません。ただし、手取り額が28万円を超える場合は、そのうち21万円が差し押さえ禁止となります。たとえば給料が20万円の場合、４分の１の５万円が差し押さえられ、15万円は残ります。給料30万円の場合、21万円が残る計算になります。

に返済不能の状態であることを隠して借金した場合——などは免責を受けることができません。

このほか、過去十年以内に免責を受けた人も認められません。

ただ、右のようなケースに当てはまる場合でも、業者の口車に乗せられ、あるいは何も分からず、言われたままの手続きをとったら、それが詐欺《さぎ》の手口であったとか、入ってくるはずのないお金が入ってくると誤信して、それをあてにして借金した場合など、事情によっては免責が認められることがあります。一番いけないのは、嘘《うそ》をついてお金を借りることです。そうでなければ、裁判所も、経済的・精神的な窮迫中のこととして、大目に見てくれます。

また、前の免責から十年以上経《た》っていれば、原則的には免責が可能となります。しかし、実際に二度目の免責を受けようとすると、その要件が厳しく判断されるため、ほとんどの場合は認められません。この点を、くれぐれも注意してください。

破産および免責・復権というのは、やむを得ない場合にしか使えない〝一生に一度のカード〟と考えるべきでしょう。

息子が多額の借金抱えて行方不明に。ヤミ金融の脅迫電話におびえる毎日。

相談

二十五歳になる息子が、多額の借金を抱えて家出しました。現在、行方不明ですが、毎日のように脅迫《きょうはく》電話や、いやがらせの弔電《ちょうでん》が送られてきます。さらに、見ず知らずの人から「債権を譲り受けたから、すぐに送金しろ」という連絡も来ています。どうしたらよいでしょうか。

（主婦）

素人判断は危険、すぐに専門家へ相談

社会問題と化したヤミ金融の横行

景気の低迷が続き、生活が苦しくなった人々が、つい高利の金融に手を出し、多額の債務を抱えて生活に行き詰まるケースが急増しています。このような、サラ金あるいは多重債務者の問題については、すでに説明しました。

最近になって、貸金等の登録をしていない、いわゆる〝ヤミ金融業者〟が横行《おうこう》し、その手口や取り立て方法がきわめて悪質なため、借りた本人やその家族が自殺にまで追い込まれるケースが増えています。そこまで至らなくても、ヤミ金融の後ろには暴力団がついていることが多く、暴力団対策の面からも放置できない社会問題となっています。

国は、このようなヤミ金融業者の取り締まりを強化するため、平成十五（二〇〇三）年八月一日に貸金業の規制等に関する法律を大幅に改正し、公布しました。これは「ヤミ金融対策法」とも呼ばれ、翌十六年一月から施行される予定でしたが、先に述べたヤミ金融業者の横行という事態を重視し、その一部を、公布のわずか一カ月後である平成十五年九月一日から施行《しこう》することとしました。

重要な改正点は、次の三つです。

①無登録業者（ヤミ金融業者）の広告および勧誘の禁止

②利子が年一〇九・五パーセントを超える貸金契約については、契約そのものを無効とすること

③これに違反したヤミ金融業者に対する罰則を大幅に引き上げ、懲役《ちょうえき》五年もしくは罰金一千万円、および懲役と罰金を併科《へいか》できること

息子が多額の借金抱えて行方不明に。
ヤミ金融の脅迫電話におびえる毎日。

〝教会に相談すれば解決に近づく〟
というメッセージを

これにより、ヤミ金融業者に対する厳しい取り締まりが始まったのです。

素人では対抗できない巧妙な手口

ヤミ金融対策法が施行されるまでのヤミ金融業者の手口は巧妙で、素人《しろうと》ではおよそ対抗できません。

まず、電柱や公衆電話、公衆トイレなどに「電話一本ですぐ融資《ゆうし》します」「多重債務者の債務を一本化して、ゆったり返済」「秘密厳守」などの誘い文句のビラを張ります。利息も十日で一割（トイチ）はまだいいほうで、十日で三割（トーサン）、十日で五割（トゴ）といった、まさに犯罪的暴利をむさぼるというものです。

ヤミ金融業者は、定まった事務所を持たず、連絡はすべて携帯電話で行います。ヤミ金融のことを「０９０金融」と呼ぶのも、携帯電話の局番から来ています。ヤミ金融業者がお金を貸す場合、こちらの住所、氏名、電話はもちろん、会社名や親兄弟、親類の氏名や電話番号まで聞くのが一般的で、もし支払いが遅れると、これらの人たちにも脅迫を加えてきます。要は、支払い相手は誰《だれ》でもいいのです。ところが、脅迫を恐れて支払ってしまえば、業者の思うツボとなります。

脅迫の手段としては、電話口で怒《ど》鳴《な》るのをはじめ、お悔《く》やみ電報（弔電）を使って督促《とくそく》したりもします。お悔やみ電報は「死」を連想させるので、受け取ったほうは非常な恐怖心を覚え、親族は、つい支払ってしまうのです。

また、ある日突然に、自分の預金通帳に一方的に数万円のお金が振り込まれ、誰が送金したのか確認できないうちに、つい使ってしまうと、数日後に「利息をつけて返済しろ」という脅《おど》しの電話が入ります。これなどは、無断で使ってしまったという弱みがあるため、言われるまま支払うという人も少なくないようです。

このような場合、たとえ無断で使っても、なんら犯罪になるわけではありませんので、あわてず弁護士に相談してください。

ところで、なぜ、こちらの預金通帳の番号をヤミ金融業者は知っているのでしょうか。最も多いのが、ほかのサラ金業者から情報が流れてくるケースです。あなたの借金情報が高く売り買い

息子が多額の借金抱えて行方不明に。
ヤミ金融の脅迫電話におびえる毎日。

されていることを知っても、あなたはサラ金からお金を借りますか?

「債権譲渡通知」が来ても無視すること

ヤミ金融対策法が施行されてから、急に多くなったのが「債権譲渡《じょうと》通知」による、ほかの業者からの督促です。

多くのサラ金から借金している人(債務者)のところに、ある日、「あなたに対する債権を譲り受けました。直《ただ》ちに○○円を下記口座に送金してください。もし送金しないときは、あなたの会社、親類にすべて通知します。また、当方が債権を譲り受けた以上、あなたは譲渡人とは関係がなくなりましたので、譲渡人に連絡することを禁止します」という手紙が届きます。これを受け取った人は、自分が借りたサラ金業者のどこかが債権を譲渡したものと信じ、勤務先などに連絡されるのを恐れて、言われた通りに支払う場合が多いようです。

しかし、これは詐欺《さぎ》ですから、絶対に支払ってはいけません。

その理由は、債権譲渡という制度は法律上、債権の「譲渡人」から債務者

コラム

【債務者情報は高値で取り引きされている】サラ金から借金した経験のある人への勧誘は、ヤミ金融業者にとって非常に効果があります。甘い言葉で、すぐにひっかかると思っているからです。そのため、顧客情報は高値で売買されていると聞きます。また、破産すると公告されるので、それを見て、業者からどっとダイレクトメールが送られてきます。破産者は、借金癖があると思われているからです。よほど強い精神を持たないと、借金と縁を切ることはできません。

へ通知しなくてはいけないことになっているからです。もちろん、右の手紙のような「譲受人」からの通知は無効です。債務者としたら、誰に対する債務が譲渡されたのか分からないからです。右の手紙で「譲渡人に連絡することを禁止します」とあるのは、もし譲渡したと思われる人に確認されたら、詐欺であることがすぐにバレてしまうので、予防線を張っているのです。

最近では「金融監督庁」や「弁護士事務所」「信用情報センター」など、実在する団体や架空の団体（「金融監督庁」は実在しない）の名称で、やたらに請求書が送られてくることが多くなりました。いずれも「すぐに支払わないと裁判になる」とか「裁判にしたから、近日中に裁判所から通知が行くが、いますぐ支払えば裁判を取り消せる」。あるいは「あなたの悪い情報が登録されるから、すぐに一部でもいいから支払え」といった内容です。法律の専門家が見れば、いっぺんに嘘《うそ》と分かるものでも、素人には判断できず、つい連絡し、自宅や会社の電話番号などを教えてしまうと、その後は連日連夜、自宅や職場にしつこい電話がかかってくることになります。

手紙の内容は多少変わっても、その趣旨はだいたい共通していますので、このような手紙が来たら、落ち着いてよく読んで、無視をすることです。特にハガキによるものは一〇〇パーセント詐欺と思って間違いありません。封書によるものであっても、絶対に連絡をとってはいけません。場合によっては、警察に届けてください。

息子が多額の借金抱えて行方不明に。
ヤミ金融の脅迫電話におびえる毎日。

を講じてきます。

ヤミ金融の脱法行為のカラクリとは

ヤミ金融業者は、法律の網《あみ》の目をかいくぐろうとする人たちばかりですから、いろいろな手段を講じてきます。

一般的には、お金を貸す際に「契約書作成料」「連絡費用」「送金料」「事務費」「諸経費」など名目《めいもく》をつけて、貸付《かしつけ》金の中から差し引き、その残金に利息をつけるというものです。たとえば十万円を貸し付ける際、架空の「連絡費用」「送金料」として三万円を先に天引きしたうえで、七万円にも、さらに利息をつけるといった方法です。

裁判例では、こうして天引きしたものは貸したものとは見なされず、借金は七万円を元金《がんきん》として計算されますので、決してだまされないようにしましょう。

また、最近では、お金を貸して利息をとるから取り締まりの対象となるので、これを避けるため、物の売買契約という形をとる業者もいます。

たとえば、一枚数百円のパンティーストッキングや歯ブラシなどをヤミ金融業者が債務者に五万円で売り、それをヤミ金融業者が十万円で買い取り、十日後に債務者がそれを十万円で買い戻すという契約の形式をとったものがありました。この例では、債務者が品物を五万円で買う代金を、ヤミ金融業者が買い取る代金十万円で相殺《そうさい》し、債務者は五万円を受け取り、後日、業者へ売った品物（十万円分）を買い戻すために、十万円を支払うというものです。結局、債務者は五万円を受け取って、十日後に倍額の十万円を返すという暴利なのですが、売買契約の形式をとっているので、ヤミ金融対策法にひっかからないというカラクリです。

しかし、こんなことは脱法行為[メモ①]であって、違法そのものです。決して惑《まど》わされることなく、専門家に相談してください。

これまで貸金業規制法違反については、債務者は利息を「利息制限法」に引き直したうえで元利金を支払うこと、とされていましたが、このたびの改正で、年一〇九・五パーセント以上の高利の契約については、お金の貸し借り（これを金銭消費貸借契約という）自体が無効となり、ヤミ金融業者は、元金自体の請求も許されなくなりました。

また、ヤミ金融業者に共通しているのは、事務所を持たないこと（住所が書いてあってもすべて嘘）、連絡は電話やファクシミリで行うこと、契約書は取り交わさないこと、返済しても領収証[メモ②]を出さないこと――などです。このような業者とは、絶対に関《かか》わらないようにしてください。

メモ①

【脱法行為】法律が禁止している行為を、ほかの適法行為という形式を借りることで、実質的に実現することをいいます。これは、法がある行為を禁止している精神に違反するものであって、たとえ形式的に適法と見えても無効であることは言うまでもありません。

法律を表面的に捉《とら》えることなく、その法律が何を目的として制定されたかを考えれば、脱法行為が許されないことは、すぐに分かるはずです。

事あるごとにヤミ金融の怖さを話す

ヤミ金融業者から借りている人は、およそ他人にそのことを言わず、一人で苦しんでいます。ですから、教会長は事あるごとにヤミ金融の怖さを信者さんに話し、教会に相談すれば解決に近づく、というメッセージを出すようにしてください。

そして、これまで説明したように、ヤミ金融業者は実に巧妙な方法をとりますので、素人判断は危険です。おかしいと思ったら、すぐに信者さんを連れて、警察や弁護士などへ相談に出向くようにしてください。

そして、容易に返せないようなお金を借りてしまうことが、ヤミ金融に引っかかる原因となるのですから、他人の生活をうらやむような欲の心から、慎《つつし》みの心へと入れ替えることが何より大切です。教会にできることは、あくまでも〝心だすけ〟にあるのです。

メモ②

【領収証】 領収証は、借金を返済した証拠です。裁判になると、立証責任というものが重要であり、立証活動を尽くせないと敗訴することになります。お金の貸し借りでは、借りた人（債務者）に、返済したことを立証する責任があるので、領収証がなければ、返済したことを立証できません。このように、領収証は返済した証拠として非常に重要なので、必ず受け取ってください。

第2章

金銭トラブルとマルチ商法

友人に頼まれ連帯保証人になった。破産分の返済をどうすればいい？

相談

「決して迷惑はかけないから」と頼まれ、友人が銀行から借り入れをする際の連帯保証人になりました。しかし、友人は破産してしまい、私宛《あ》てに督促《とくそく》が来ました。私は大企業に勤めていて高給を頂いていますが、自宅のローンもあり、到底返済できません。ローンの支払いはもうすぐ終わりますが、これからどうしたらよいでしょうか。

（会社員）

「保証人になる」意味を正しく知るべき

「あなたの債務を私が全部支払います」

――毎日こつこつと働き、ようやくまとまった貯金ができた。これを頭金《あたまきん》にして、夢にまで見たマイホームを買おう。私と妻は共働きだから、毎月十五万円くらいのローンなら必ず返済できる。誰《だれ》にも頼らず、また、人に迷惑をかけずに済む。

ところが、銀行は「念のため、連帯保証人の印をもらってきてください」と言う。そうだ、親友のAに頼もう。

「決して迷惑はかけないから、借入書の連帯保証人の欄に実印[メモ①]を押してくれないか。収入は十分にあるから絶対に大丈夫。いざとなれば、家を売ればいいんだから」——

保証人を引き受ける前に……

もし、あなたがAさんの立場なら、「ここで断れば友情にヒビが入る。絶対に迷惑をかけないと言っているし、まあ、いいか」となるかもしれません。

保証の怖さは、ここにあります。「保証人になる」ということを

メモ①

【実印と三文判】 保証や売買など、契約書に印を押すときは、よく「実印」が使われます。実印は、印鑑登録をしている印のことですから、ふつう実印と印鑑証明があれば、本人が押したものと推定されます。しかし三文判でも、本人が押したことを認めれば、効果は実印と同じです。一方、たとえ実印が押してあっても、盗まれたり、騙《だま》されて押したときは無効となります。押してしまっても、決してあきらめないことです。

分かりやすく言えば、「あなたの債務を、私の財産を投げ打って全部支払います」という約束なのです。

これを裏返せば、「保証人になってもらう」とは、「いまは支払いの必要性はないけれど、将来どんな迷惑をかけるかもしれない。そのときは、その迷惑を引き受けてください」ということを意味しているのです。

連帯保証人は債務者と同じ責任を持つ

保証には、商人間で行う商事保証や民事訴訟《そしょう》法上の保証などもありますが、日常で問題になるのは民法上の保証です。

民法に規定されている重要なものには、単なる保証のほか、連帯保証、根保証（メモ②）、身元保証などがあります。

連帯保証は、保証人が主たる債務者と連帯して債務を負担し、履行《りこう》の責任を負《お》うというもので、単なる保証と異なり、いわば債務者と同一の地位といえるほどの強い責任があります。

たとえば、債権者が主たる債務者に請求せず、いきなり連帯保証人に対し

メモ②

【根《ね》保証】保証は、債務金額、返済日などが特定された債務を保証するのが普通です。しかし、特定の人の間（たとえば金融業者と債務者）に生ずる債務は、将来生ずるものも含めてすべて保証する、というのが「根保証」です。一時的に債務が完済されても、その後にまた債務者が借金すれば、それを保証することになり、いつまでも終了しません。期限を定めたり、保証金限度額を定めないと、責任は無限に大きくなる可能性があります。

て債務の支払いを求めてきたときに、

①「まず、主たる債務者に請求してからにしてほしい」とか、

②「まず、主たる債務者に強制執行してから足りないときに請求してほしい」

などと言うことは許されません。①を「催告の抗弁権《さいこくのこうべんけん》」、②を「検索《けんさく》の抗弁権」といいます。単なる保証では認められているこれらの抗弁権を、連帯保証人は使うことができないのです。

これに根保証が加わると、大変なことになります。保証も連帯保証も、主たる債務が一度でも完済されれば、保証はその時点で目的を達しますので、その後にあらためて債務者が借金しても、それを保証する義務はありません。これを「付従性《ふじゅうせい》」といいます。

ところが、根保証をすると、付従性がありませんから、債務がいったん完済されても、保証契約を解除しないまま、その後の新たな債務もすべて保証することになり、いつまでも保証の責任が終わらないことになってし

コラム

【信用保証協会】「信用保証協会法」により設置された公的な法人で、都道府県単位と大都市単位があります。中小企業が銀行等から融資を受ける際に、保証料を支払って債務を保証してもらいます。保証の対象となる借入金は、設備投資および運転資金に限られます。

なお、高利の金融業者が高い保証料をとるための子会社として「株式会社○○信用保証」などがありますが、これは信用保証協会とは全く別の組織なので注意が必要です。

まいます。

サラ金業者や高利貸しの一部には、保証の限度額、保証期間、保証の対象となる取り引きの種類などを一切限定せず、債権者（サラ金、高利貸し）と債務者との間に生じる一切の債務を保証するという「包括《ほうかつ》根保証」契約を結ばせる者がいます。この場合、解約しない限り、債務者が繰り返し行う借金をいつまでも保証し続けることになりますので、特に注意が必要です。

保証人にならないに越したことはないのですが、もし、やむを得ず保証をするときは、保証人としての義務を確定するものに限ることにし、せめて包括根保証は避けるようにしましょう。もし、保証してしまったときは、早めに弁護士に依頼して、解約の手続きをとってもらうようにしてください。

債務者が破産したら保証人はどうなる？

「私が保証した人が破産宣告を受けました。破産すれば、債務を支払わないで済むそうですが、私の保証も消えるのですか?」という質問をよく受けます。答えは「ノー」です。債務者が破産したときこそが、保証人の出番となるからです。

主たる債務者が、破産宣告によって債務の支払いを免除されれば、その債務支払いの責任は、すべて保証人にかかってきます。債務者の中には、それを知らずに破産申し立てをし、「これで保証人に迷惑をかけないで済んだ」と誤解している人が多く、そうでないことを知って青くなっているケースをよく見かけます。

それでは、債務者が背負っていた巨額の借金が保証人に請求されたなら、どうしたらよいのでしょうか。

この場合は、保証人自身が主たる債務者になったことと同じですから、たとえば債務弁済《べんさい》契約、特定調停、任意整理などによって保証債務を支払うか、それもできないときは、保証人自身が自己破産の申し立てをせざるを得ない、ということも考えなければなりません。

債務者への「求償」は期待できない

保証人が、主たる債務者のために弁済したときは、その債務者に返済を求めることができます。これを「求償《きゅうしょう》」といいます。保証人の立場からすれば、債務者の代わりに支払ったのですから、債務者から返してもらうのは当然です。

しかし、そもそも債務者が返済できなくなったからこそ保証人が返済しなければならなくなったわけですから、普通に考えれば、すぐに求償に応じてくれるはずはありません。

ならば、債務者が経済力を回復するまで待つしか手はありません。ところが、求償権も債権ですから、十年間で時効になります。十年経過すると求償権は消滅するため、結局、回収できないということになってしまいます。

保証人になる以上、こういう事態を想定しなくてはなりません。あなたは、それでも保証人になりますか？

身元保証人には過大な責任が課される

教会の会長さんの場合、さまざまな人の面倒をみる必要があります。その中の一つとして、就職などの際に「身元保証人になってもらいたい」という依頼もあるかもしれません。「そんなことなら、お安いご用」とばかりに印を押してしまいがちですが、これも大きな意味を持つ保証ですので、十分な注意が必要です。

会社などに雇われた被用者《ひようしゃ》が、会社に損害を与えた場合、その被用者の身元保証人となった人は、損害賠償を約束しなければなりません。その契約を「身元保証契約」といいます。

身元保証契約については、「身元保証法」で詳細に規定されています。というのも、身元保証契約は、先ほど述べた包括根保証契約と似て、身元保証人に過大な責任を課す可能性があるため、その責任を軽減することを目的に立法されたからです。

まず、存続期間について、期限を定めていない身元保証契約は、成立の日から三年間とされています。ただし、商工業見習者の場合は五年で、もし、これより長い期間を定めても五年まで、とされています。更新はできますが、その期間も延べ五年を超えることはできません。

使用者（雇い入れた会社側）には、身元保証人に対する通知義務があります。

身元保証人は、保証をした被用者に対する責任を課されるので、被用者に業務上の不適任な事情があり、身元保証人としての責任が生じる可能性があるときや、任地や任務を変更したときは、使用者は身元保証人にその旨を通知しなければなりません。その通知を受けたときは、身元保証人は、身元保証契約を解除することができます。

また、身元保証人が先に死亡したときも、その相続人は身元保証人としての地位を相続しないものとされています。

自宅を手放さず再生する手続きもある

ご質問のように、一定の収入がありながら、住宅ローン等の債務を抱えて経済的に破綻《はたん》した人には、「個人再生手続《てつづき》」という方法があります。

これは、住宅ローン等の支払いをしている個人債務者が、マイホームを手放さずに、所定の弁済期間の繰り延べを内容とする計画を定め、裁判所の認可を得れば、自己破産をせずに再生できるというものです。

ただし、厳しい要件があります。まず、マイホームを処分したあとに残る債務（これを「無担保再生債権」という）が三千万円以内であること（たとえば時価が三千万円で、ローン債務が五千万円のときは、無担保再生債権額は二千万円となり、要件に合致する）、最低弁済額は、原則として債権総額の五分の一以上（二千万円の場合は四百万円以上）、弁済期間は三年から五年といったものです。

手続きが複雑なので、弁護士に依頼する必要がありますが、うまく行けば、破産をせずにマイホームを確保できるので、最近では利用者が増えています。

信者間のお金の貸借でトラブル。教会にも責任の一端はある？

相談

商売をしている信者Aさんが、新しい信者Bさんから借金をし、それを約束の期限までに返してくれないと、Bさんは教会へ相談に来ました。Bさんは「Aさんは古くからの信者であり、信用して教会内で貸したのだから、教会にも責任の一端がある」と言うのです。教会として、どう対処したらよいのか悩んでいます。

（教会長）

素人間の貸し借りはトラブルのもと

借金の法律的性質は「金銭消費貸借」

お金の貸し借りを、法律では「金銭消費貸借《たいしゃく》」といいます。借りたお金を消費してしまって、のちに同じ金額を返すという意味です。

サラ金からの借金や銀行のローンも、法律的性質はすべて金銭消費貸借ということになります。

金銭消費貸借の場合、利息や返済期限の定めがあるのが普通なのですが、必ずしも、それらのことを定めていない貸し借りも有効です。したがって、知人や友人間で気軽に貸し借りをして、あとでトラブルになることが多いのです。

トラブルの中で最も多いのが、「貸したのに返してくれない」というものです。しかし、当事者双方の言い分をよく聞いてみると、貸したほうは「ちょっと貸してほしいと言われたから、すぐに返してくれると思って貸したのに、何カ月も返してくれない」と言い、借りたほうは「お金がないから借りたのであって、お金ができるまで待ってくれるのは当然じゃないか」と言い、全くかみ合わない場合が少なくありません。

素人《しろうと》同士のお金の貸し借りは、友情や同情から始まるため、貸し借りに当たっての条件を定めていないことが多く、トラブルになりやすいのです。

借用証書は一番の証拠となる

金銭消費貸借をする場合には、借用証書を作成するのが一般的です。しかし、これがないからといって、お金を返さないでいいわけではありません。借用証書は貸し借りの一番よい証拠となるだけで、これがなくても、ほかに貸し借りの事実を証明できるものがあれば問題ありません。

たとえば証人がいたり、貸すときに借りる人の銀行口座に送金したり、借金の一部を銀行送金などで返済した形跡があれば、貸金の存在を立証したことになります。

借用証書を作るなら最低限、貸金総額と返済期限を記入し、それに借りた人の署名捺印《なついん》（指印でもよい）をしてもらいましょう。印鑑は、実印でなくても構いません。要は、借りた人のものということが分かればよいのです。

もし返済期限を定めないときは、どうなるのでしょうか。この場合、貸し主は、相当の期間内に返済してほしい旨《むね》の請求（催告）[メモ①]をする必要があります。催告期間が過ぎているにもかかわらず、借り主が返済しないとき、初めて借り主は「遅滞《ちたい》」したことになり、貸し主は裁判を起こすことができるのです。

ただし、右に述べた「相当の期間」というのは、金額によって多少の違いがあります。借り主が返済のための準備をする必要があるからです。裁判例などによると、数万円程度なら催告書が届いてから三日くらい、数十

メモ①

【催告《さいこく》の方法】 催告とは、ある人に対して一定の行為を請求することをいいます。その方法は定まっていませんが、口頭の場合、のちに催告したことを証明するのが難しいので、書面で行うのが普通です。このときも普通郵便ではなく、書留内容証明郵便での催告が一般的です。内容証明郵便というのは、同文の書面（字数制限があります）を３通作り、郵便局と本人が１通ずつ保管し、１通を相手に送付するものです。郵便局が内容を証明してくれることから、こう呼ばれています。

万円程度なら一週間くらい、数百万円なら一週間から十日くらい、数千万円なら二週間程度の余裕をみる必要があるでしょう。

知り合い同士で利息の定めがないときは

知り合い同士の金銭消費貸借は、先に述べたように友情や同情から始まることが多いため、なかなか利息についてまで約束することは少ないようです。「無利息」と定めてあれば問題はないのですが、「利息は別途定める」とか、口約束などで「利息は、元金《がんきん》を返すときに払います」などと、具体的な利率を決めなかったときが問題となるのです。

金銭消費貸借は、法律上、無利息のものも認められていますから、果たして利息を払う約束があったといえるか否《いな》かが問題となるわけです。当事者間のやりとりで、ともかく利息を払う約束があったと見なされると、一般の場合は、民事法定利率の年五パーセントが認められることになります。商人間メモ②の場合は、年六パーセントと定められています。

メモ②

【商人】 商法上、商人という概念が定められています。ただし、これは商売をする人といった簡単なものではなくて、法律で定めた一定の行為（商行為）を、営業として行う者のことを指しています。商人とされると、本文のように利息や時効（一般人なら10年の消滅時効が商人は５年）、そのほかの点でも大きな差が出てきます。迅速《じんそく》な取引と重い責任を課されるのが商法上の商人です。

教会は、信仰に徹した態度で仲介する

利息と元金、どちらの返済が先か

たとえば、三十万円を年一〇パーセントの利息で借りたとします。半年後に十五万円が準備できたので返済したならば、期限となる一年後にはいったい、いくら返せばいいのでしょうか。

返すほうとしては、十五万円を元金の返済に充《あ》てるつもりでいても、貸したほうは、まず利息（三十万円の一〇パーセントの三万円）に充て、残り十二万円を元金の返済とし、一年後には十八万円を返してもらうつもりでいる、ということがあります。

民法では、このように返済する金額について、当事者間で明確な合意がないときは、①契約書の作成などに要する費用　②利息　③元本、の順で埋めていくことを定めています（四九一条）。これを「弁済の充当《じゅうとう》」といいます。

したがって、先ほど挙げた例では、半年後の返済ですから、年一〇パーセントの半分の五パーセント分、すなわち三十万円の五パーセントである一万五千円がまず利息に充当され、残り十三万五千円が元金の支払いに充てられます。したがって、一年後には、残った元金十六万五千円に対する半年分の利息五パーセント（八千二百五十円）を付けて十七万三千二百五十円を返済すればよいのです。

この例で分かるように、金銭消費貸借では、実際に借りたお金に対する利息を支払えばよいとされています。そこで、たとえば三十万円を年一〇パーセントの利息で一年間借りるときに、利息前払いで三万円を支払った場合は、実際に借りたのは二十七万円ですから、その一〇パーセントである二万七千円が利息になります。したがって、前払いした利息三万円は、三千円の過《か》払いになっていますので、その分は元金を返したことになり、結局、二十六万七千円を返せばいいことになります。

このように、素人間でのお金の貸し借りは、大変面倒なことがありますので、しないに越したことはないのですが、もし、する必要があるときは、あとでトラブルが起きないよう、事前にきちんと取り決めをしておくことが肝心です。

「早く返済、礼を言うなり」

借金の返済期限が定まっているとき、その日までに返さなければ「遅滞」ということになります。しかし、返済期日を定めない金銭消費貸借もよく見受けられます。この場合、先に述べたように「催告」をする必要があります。催告されたにもかかわらず、返さないと遅滞になります。

このように、催告には相手を遅滞に陥らせる効果があるとともに、たとえ無利息の金銭消費貸借であったとしても、遅滞後は当然、法定利率である年五パーセント（商人間では六パーセント）の遅延損害金を支払わなくてはなりません。

さらに、利息の約定《やくじょう》があるにもかかわらず、利息を一年分以上支払わない場合、債権者からあらためて催告を受けたときは、一年分の未払い利息分が元本に組み入れられることになります。その後は利息が利息を生じ、いわゆる重利[メモ③]になるので注意してください。

借りたときのありがたいという気持ちを忘れず、利息とともに、お礼を添えるような気持ちでいれば、多くのトラブルは解消されるはずです。

メモ③

【重利】 利息は元金から生まれます。10万円を年10%の利息で3年借りると、利息は30%となり、元利金は13万円となります。これが単利です。しかし毎年、利息を元金に組み入れると、2年目は元金が11万円になり、この利息は1万1000円となります。3年目は、これが元金に組み入れられ、元金は12万1000円となり、元利金は13万3100円になります。これを重利というのです。

人のものかりたるならばりかいるで
はやくへんさいれゑをゆうなり
おふでさきに説かれていることは、人の世の真理なのです。（三 28）

信者間の貸し借りに信仰を絡ませない

教会は「たすけ一条の道場」といわれますが、教会に集まる信者さん同士では、ややもすると人間思案によるドロドロしたものが生まれやすいようです。お金の貸し借りなども、その一つでしょう。

これらのイザコザで教会内の雰囲気が悪くなっては、なんのための「たすけ一条の道場」か分からなくなります。教会長は、信者さん同士のそうした関係にも、十分に気をつけなくてはいけません。

ご質問のようなケースでは、信者さん同士の目に見えない〝序列〟のようなものが影響しているかもしれませんので、特に注意が必要です。一れつきょうだいの教えに序列はありませんが、信仰の〝順序〟を誤解して、教会内での立場をもとにトラブルを起こす人もいるようです。

しかし、いくら古くからの信者さんといっても、教会のご用のための教会による借金でない限り、教会は全く無関係です。この点を誤解し、あるいは誤解しないまでも教会としての道義的責任を感じて、教会がいくらかでも弁済してしまうと、債務を承認したと見なされる可能性があります。

教会として、この段階でできることといえば、あくまで教会としての責任はないことを双方に確認させるとともに、弁済方法などについての話し合いを仲介《ちゅうかい》することでしょう。当事者の状況をよく聞き、たとえば長期間の分割払いなどの約束を勧めるのも、一つの方法だと思います。この場合も、決して信仰を絡《から》ませないことが大切です。

教会はあくまで信仰に徹し、信者さん同士の争いなどに惑《まど》わされない確固とした理念と、宗教的な落ち着いた雰囲気を維持しなければなりません。

信者が怪しげな商売を勧められている。〝ねずみ講〟まがいではないかと心配。

相談

最近、ある信者さんが連れてきた人が「ちょっとした労力と支出で多額の収入が得られる」と、教会内でほかの信者さんたちを勧誘しています。何人か参加しているようですが、〝ねずみ講〟まがいの怪《あや》しげな商売ではないかと心配です。

（教会長）

教内外を問わず、直ちにやめるよう忠告を

「無限連鎖講防止法」で全面的に禁止

昭和四十年代に「天下一家の会」という大規模な〝ねずみ講〟メモ①が摘発《てきはつ》されました。この団体のキャッチフレーズは「わずか二千八十円を払い、四人勧誘するだけで百二万四千円になる」というものでした。

その仕組みは、次の通りです。会員になる人が二千八十円のうち千八十円を天下一家の会本部に送金し、残り千円を本部が指定した先輩会員に送金する。こうして一人が四人ずつ勧誘を続けていけば、自分から六代目には千二十四人の後輩会員ができて、百二万四千円が手元に入る――というものです。

たった二千八十円で、四人を誘えば大儲《もう》けができるということで、一時は爆発的に広がりました。しかし計算上では、十五代目には二億六千八百万人以上の会員が必要となり、日本の総人口をゆうに超えることになります。結局は破綻《はたん》するしかなく、キャッチフレーズが嘘《うそ》であることは明白です。

そこで、昭和五十三年に「無限連鎖《れんさ》講防止法」が成立し、ねずみ講は全面的に禁止されました。

商品売買による「マルチ商法」に注意

ところが、ねずみ講のように、単に金銭を移動させるだけでなく、商品の売買の形式をとりながら、ねずみ講と同じように後輩会員をつくって利益を得る仕組みが考え出されました。これが「マルチ商法」（メモ②）です。

メモ①

【ねずみ講】 ねずみが子を産み、その子がまた子を産んで、を繰り返すうち、莫大な数に増殖する“ねずみ算”のたとえから名づけられました。講は「民間の金融組合」を意味しています。法律上の正式名称を「無限連鎖講」といい、終局的には破綻するべき性質のものであるので、違法として禁止されています。

このまま放っておいていいものか……

マルチ商法は脱法的に行われるため、手を替え品を替え、一見して、そうと分からないような形をとります。たとえば当初は、販売店を格づけし、出資金に応じて商品価格の割引率を変えるという制度を用い、出資金や登録金という名目《めいもく》で多額の金銭を支払わせる方法をとっていました。

その後、ねずみ講の後輩会員に当たるような二次・三次代理店（販売店）をつくるごとに、本部から報奨《ほうしょう》金が支払われたり、出資金や登録金の代わりに講習

メモ②

【マルチ商法】アメリカで始まった商法で「マルチ・レベル・マーケティング・システム」あるいは「マルチ・レベル・マーケティング・プラン」と呼ばれるものの総称です。この商法のうち、問題視されているものは、個人を販売店として扱う“無店舗個人”を対象としています。コンビニエンス・ストアに代表される「フランチャイズ・システム」も一種の“マルチ商法”といわれていますが、店舗があるため、マルチ商法からは除外されています。

や研修の受講料、入会金、保証金や教材費などの名目で金銭を負担させるようになりました。

マルチ商法を見破る基準は、取引《とりひき》（連鎖販売取引）に参加するのに、金銭的負担があるか否《いな》かです。普通の商売は、問屋から仕入れた品物をお客（消費者）に売ることで利益を得るのですが、マルチ商法は原則として、次のような過程を通じて利益を得ています。つまり、問屋（一次）から品物を仕入れた商人（二次）が、次の商人（三次）に売る形式をとったり、また、直接お客に売る形式であっても、品物を仕入れる資格を得るために出費を求められたりして、結局のところ、主たる利益は、品物の販売より販売店（後輩会員）をつくることで得る——という仕組みです。

最近は手口も巧妙になっているので、先に述べたような場合はマルチ商法と疑うべきでしょう。

マルチ商法の被害者を守る種々の規制

ねずみ講は右に述べた通り、全面的に禁止されています。これに対し、マルチ商法は「特定商取引法」によって規制されています。

マルチ商法は、商品の種類や販売方法、金銭負担・名目などが千差万別で、ねずみ講のように特定できないため、適正な取引のための種々の規制をすることで、それに反するときは行為者を処罰したり、取引を無効にしたりして、被害者の保護を図っています。

代表的なものは、次の通りです。

①不実告知、事実不告知

②誇大広告等の禁止

③断定的判断の提供

④判断力不足に乗じて契約させること

⑤契約書虚偽記載《きょぎきさい》

たとえば、後輩会員をつくること（「リクルート」という）が困難なのに、それを教えない場合は①の規制に違反します。チラシやインターネット等で「すぐに百万円くらいの利益を得られることは間違いない」と伝えれば②に、これらを口頭で言えば③に、相手が悩んでいるときに「とりあえずやってみたら」などと言って取引に参加させれば④に、参加することによって負担すべき金銭などを正確に契約書に書かなければ⑤に、それぞれ違反します。

これらの行為をした者は、最高で懲役《ちょうえき》二年以下または三百万円以下の罰金、または双方を併科《メモ③》されることがあります。ご質問のように、教会内でほかの信者さんを勧誘すると、これらの刑罰を受ける可能性があるのです。

信者が怪しげな商売を勧められている。

〝ねずみ講〟まがいではないかと心配。

メモ③

【併科《へいか》】 刑罰として、懲役刑あるいは罰金刑が定められているときは、裁判所がどちらかを選択して刑を下すのが一般的です。しかし、金銭が絡《から》んだ経済犯などでは、利益を得させないため、懲役刑とともに罰金刑も同時に科することがあります。たとえば「被告人を懲役1年および罰金300万円に処す」というものです。

マルチ商法か否かの判断は難しい

これまで述べたように、マルチ商法はいろいろな方法や形式をとりますが、具体例として、裁判で明らかにされたものを、いくつか挙げてみましょう。

平成に入って以降では、①ベルギーダイヤモンド　②身元保証協会　③シーエスアール・ジャパン　④日本アムウェイ――などがあります。

この中で、①のベルギーダイヤモンドは、ひと口四十万円前後のダイヤを買った会員が後輩会員をリクルートし、講習費を払ってランクを上げてダイヤを販売すれば、本部から売り上げに応じた配当率で利益が支払われ、上位ランクの会員になればなるほど多くの利益を受ける仕組みになっていました。

これに対し、東京高等裁判所は「本件組織を開設し、右組織が内蔵する矛盾《むじゅん》を隠蔽《いんぺい》するために必然的に欺瞞《ぎまん》的な勧誘方法を用いてする本件商法は、全体として詐欺《さぎ》的な商法というほかなく、違法と評価すべきである」としました。

また、④の日本アムウェイについては、直接の取引に関することではありませんが、東京地方裁判所は「マルチ商法と同様の特徴を備えており、マルチ商法と同様の問題が生じる危険性を内包しているのみならず、現実にもマルチ商法と同様の弊害《へいがい》が生じていると認められる」と判断しました。

このように、裁判所は行為の外形にとらわれることなく、マルチ商法の実質を個別に判断しています。このような判断は、素人《しろうと》には難しいですから、前に述べたように、連鎖販売取引（マルチ）に参加することで何らかの経済的負担があるか否かの観点で判断し、はっきりしないときは断りましょう。

「クーリング・オフ」による被害者の保護

ねずみ講（金銭出資のみの場合）は、それだけで違法ですから、すでに支払った金銭を全額返還請求することができます。

マルチ商法でも、商品流通の形をとってはいても、実質的にねずみ講と同視できるようなものは、無限連鎖講防止法が適用されます。また、あとに述べる「クーリング・オフ」の期限が過ぎていても、支払った金銭を全額返還請求できます。

ねずみ講に該当《がいとう》せず、連鎖販売取引にも該当しないが、その内実はマルチないしマルチまがい（類似）商法であるときは、不健全な取引として、公序良俗《こうじょりょうぞく》に反する違法なものと見なされます。多くの裁判例も、このように判断して、金銭の返還を命じています。

信者が怪しげな商売を勧められている。
〝ねずみ講〟まがいではないかと心配。

問題は、特定商取引法にのっとった連鎖販売取引がなされている場合です。というのも、マルチ商法は、そのものが禁止されているわけではなく、厳しい規制のもとで適正とされるものは無効にはなりません。しかし多くのマルチ商法は、その危険性やリクルートの困難さなどを、できるだけ隠すか、あえて説明しないのが一般的です。また、中間の勧誘者は、法で定められた書面を交付しなかったり、必要な事項を記載しないことがよくあります。

これらの場合は、クーリング・オフが可能です。クーリング・オフとは、契約の締結に冷却期間を置こうとするもので、契約が成立しても一定の期間が経過するまでは確定的に効力が生じないとする制度です。

マルチ商法では、説明事項を記載した書面（概要書面）や契約書面の交付が義務づけられており、それが交付されていれば、交付日から二十日間は書面で契約を解除することができます。

この場合、それまでに生じた損害賠償や違約金も一切支払う必要がありません。取引が始まってから数カ月経過していても、クーリング・オフの起算点は契約書面の交付日になるのが原則ですから、完全な契約書面が交付されていなければ、いつでも解除できます。

このように、マルチ商法の被害者は手厚く保護されていますから、被害に遭《あ》っても決してあきらめずに、公共団体の消費者センターや弁護士などに相談してください。

誘われた人はすぐに契約を解除する

ご質問にあるように、教会につながる信者さんたちが、このようなマルチ商法に勧誘されていることは、由々《ゆゆ》しき問題と言わざるを得ません。ましてや勧誘者が、信者さんの善意を利用してマルチ商法に引き込もうとしているなど、言語道断《ごんごどうだん》です。

勧誘者を見つけたら、教内外を問わず、直《ただ》ちにやめるよう忠告してください。もし誘われて契約した人がいたら、前に述べた方法で、すぐに解約してください。

そして何より、教会内でこのような事態が生じてしまったことについて、教会長は深くさんげし、これを節《ふし》として、あらためて神一条の精神をしっかり定めるよう、信者さんと談じ合うことをお勧めいたします。

信者が怪しげな商売を勧められている。
〝ねずみ講〟まがいではないかと心配。

第3章

離婚をめぐる争い

相手に戻る意思がないとき、離婚しなくてはいけないのか？

相談

信者さん（35歳）の夫（未信仰）が、三年前から別の女性と暮らし始め、その女性との間に一歳になる子どもがいます。その信者さんには、まだ夫への愛情があり、教えのうえからも別れる気はないのですが、夫のほうにやり直す気は全くないようです。最近、夫から離婚の申し出があったそうですが、二人は別れなくてはいけないのでしょうか。

（教会長）

わがままで離婚する風潮に歯止めを

結婚には新たな権利と義務が生じる

愛し合っている男と女が一緒に暮らすことを「結婚」と思っている人が多いようです。しかし、男女が一緒に暮らすことが必ずしも結婚ではありませんし、また式を挙げることが結婚でもありません。

法律では「婚姻《こんいん》は、両性の合意のみに基《もとづ》いて成立」するとされています（憲法二四条一項）。単に男女が一緒に暮らすだけなら〝同棲《どうせい》〟であり、これでは夫婦と認められません。要するに、夫婦として一緒に暮らす意思が必要なのです。夫婦として一緒に暮らす意思があり、それを届ければ法律的には「婚姻」となり、名実ともに夫婦となって、新たな権利・義務が生じることとなります。その代表的なものが「相続権」であり、子どもの「嫡出性」（メモ①）です。

一方、婚姻の意思はあっても婚姻届を出さないカップルの場合、外形的に夫婦と見られるようなときは「内縁」（メモ②）とされます。最近では、内縁でも婚姻と同様の保護を与える傾向になってきています。

しかし、多くの場面では、内縁と婚姻した夫婦の差はまだまだ大きく、婚姻届を出さない不利益は覚悟しなくてはいけません。

「性格の不一致」は離婚の原因になるか

最近、流行《はや》っている離婚の原因として「性格の不一致」というものがあり

メモ①

【嫡出性《ちゃくしゅつ》】 婚姻した夫婦の間の子どもは「嫡出子」で（民法772条）、父母の氏を称することができ（790条）、相続分も非嫡出子の2倍とされています（900条）。生まれてくる子どもに罪はないのだから、嫡出子と非嫡出子の間に相続分で差別をするのは、法の下の平等を定めた憲法14条に違反するとの訴えが起こされましたが、最高裁は、合理的な差別であるとし、憲法14条に違反しないとしました。

私のほうに別れる気はないのに……

ます。若いカップルの中には、もっとストレートに〝性の不一致〟などを理由に離婚したいと言ってくる人もいて、相談を受けるこちらがドギマギしてしまいます。

ところで、離婚の原因については、法律で次のように定められています。

民法七七〇条

①夫婦の一方は、左の場合に限り、離婚の訴《うったえ》を提起することができる。

一　配偶者に不貞《ふてい》な行為があったとき。

メモ②

【内縁《ないえん》】「婚姻の届出をしなくとも事実上の婚姻と同様の事情にある者」と定義づけています。労働基準法、健康保険法、国家公務員共済組合法、国民年金法などは、内縁関係の者を保護の対象としています。交通事故などでも、内縁関係の者に損害賠償請求権を与えています。また、婚姻した夫婦と同様、不当に内縁関係を破棄《はき》された者も、相手に損害賠償を請求することができます。

二　配偶者から悪意で遺棄《いき》されたとき。
三　配偶者の生死が三年以上明《あきら》かでないとき。
四　配偶者が強度の精神病にかかり、回復の見込《みこみ》がないとき。
五　その他婚姻を継続し難《がた》い重大な事由《じゆう》があるとき。
②裁判所は、前項第一号乃至《ないし》第四号の事由があるときでも、一切の事情を考慮して婚姻の継続を相当と認めるときは、離婚の請求を棄却《ききゃく》することができる。

先ほどの「性格の不一致」は、この条文のいずれにも当てはまらず、本来なら離婚などできません。

ただし、たとえば性格があまりにも違いすぎて、相手と愛情を温め合うことはもちろん、普通の意思の疎通《そつう》さえできなくなり、夫婦関係を維持することが困難となったような場合や、宗教上の違いから円満な夫婦生活が営めなくなったような場合には、七七〇条一項五号の「婚姻を継続し難い重大な事由がある」として、離婚を認めることがあります。

しかし、性格というものは本来、違うのが当たり前で、お互いがそれを認め合い、尊重し合っていく中に、真の夫婦愛というものが育っていくものです。

同じように、宗教の場合も、夫婦の生まれ育った環境が違えば別々の信仰をしていることもあるわけですから、それぞれが人格を磨いて理解し合うならば、いつか必ず解決できると思います。そのような努力を怠《おこた》り、端的にいえば「自分のわがままを通してくれないから別れる」といった人たちに対する弁護士としての説得には、おのずと限界があります。このような時代だからこそ、お道で教えられる夫婦というもののあり方を社会に映し、歯止めをかけていくことが求められていると強く感じます。

なお、相手の精神病を理由とする離婚は、病者の今後の療養、生活等についてできる限りの具体的方法を講じ、ある程度、前途に見込みがついたうえでなければ認められません。

ただ、病者の実家に経済的能力があり、一方、離婚を請求する側が裕福でないときは、特別に、前途に見込みがなくても離婚が認められることがあります。

離婚の話し合いがつかないときは

これまで述べてきた方法は、夫婦の一方が離婚したいのに、その相手が離婚に応じないとき、裁判に訴えてでも離婚したいという場合のものです。したがって、夫婦の双方が、特に理由もなく、ただ別れることだけについて合意しているときは、いつでも離婚は可能です。それが「協議離婚」です。

協議離婚は、市区町村役場で離婚届の用紙をもらってきて、双方がそれに署名捺印《なついん》し、成人の証人二人の署名捺印を得て、役場に提出するだけで成立します。このとき、用紙に離婚理由を書き込む欄はありません。

相手が応じないとき、あるいは離婚に際して、子どもや財産給付の問題などで話し合いがつかないときは、家庭裁判所での家事調停を経て離婚する方法があります。これを「調停離婚」といいます。

協議離婚をする場合、子どもの養育者などの大切なことを決めずに離婚し、あとになって問題が生じることも多いようです。のちのちのことを考えれば、できれば調停離婚がよいでしょう。さらに、調停の場でも話し合いがつかないときには「裁判離婚」ということになります。

裁判離婚の場合には、先に述べたように離婚原因が定められていますから、それに当てはまらないときは、一方が同意しない限り、離婚はできません。

いくつかのケースを、ご紹介しましょう。

①子どものいない夫婦で、妻が夫に極度のやきもちをやき、夫の帰りが少しでも遅いと怒り、物を投げたり、つかみかかったりするため、夫から離婚訴訟《そしょう》が起こされたケース

——裁判所は、愛情が根底にあるので、夫が妻にきちんと説明をすれば、円満な夫婦関係を回復できるとして、夫の請求を棄却しました。

②夫が妻に給料を一切渡さず、生活費の管理もすべて夫がやっていて、妻が離婚を申し立てたケース

——裁判所は、生活に支障がなく、生活費管理を妻が必ずするべきだという社会的慣習も確立していないという理由で、妻の請求を認めませんでした。

③夫が自分の実家ばかりを大切にし、妻の実家には物品を送らなかったケースや、反対に、妻が自分の身内だけを大切にして、夫の親族を大切にしなかったというケース

——裁判所は、いずれも夫婦間に問題が生じているわけではないとして、離婚を認めませんでした。

これらのケースを見ても分かるように、それほど簡単に、離婚は認められないのです。

原因をつくった側からの離婚請求はできない

特に厳しいのが、離婚原因をつくった側からの離婚請求です。これを「有責《ゆうせき》配偶者からの離婚請求」といいます。

ご質問のケースのように、最近は、自分からさっさと家を出て、別の女性との間に子どもをもうけておきながら、妻が同意しないからといって離婚請求をする、という人が目立つようになりました。「どうせダメなら、夫婦の外形だけ残すようなことをせず、離婚を認めたらいいではないか」という身勝手な考えのようです。

確かに、夫婦としての実体も壊れ、復縁も困難と認められるようなケースで離婚しないのは、たとえば妻から夫への復讐《ふくしゅう》ということも考えられます。「ここで離婚を認めたら、その女性と再婚し、子どもも嫡出子となってしまう。そんなことは許さない」というものですが、心情としては十分に理解できます。

法律論では、離婚の原因をつくったのがどちらであるかを問わず、現に夫婦関係が破綻《はたん》していれば離婚を認めるという考え方（破綻主義）と、離婚の原因をつくったほうからは離婚を認めないという考え方（有責主義）の二つがあります。

日本では、これまで有責主義を採ってきていますが、最近の判決は、その

メモ③

【婚姻費用】夫婦は、婚姻から生ずる費用を分担しなければなりません（民法760条）。別居中でも、夫婦である限り婚姻費用（単に婚費ともいう）を支払う必要があります。婚費の具体的な金額は、夫婦の資産、収入、家族構成、その他一切の事情を考慮して決められます。最近では、ある程度公式化された数式が用いられることもあり、家庭裁判所や専門家に相談してみてください。

要件を少し緩和する傾向にあります。

すなわち、①別居期間が長期にわたること（8年間以上）②未成熟な子がいないこと ③離婚の相手が、精神的、社会的、経済的にきわめて苛酷《かこく》な状態に置かれないこと——などの要件があれば、有責配偶者からの離婚請求を認めるようになりました。ただし、別居中、離婚の原因をつくった側が不誠実であった場合は、二十年間別居していても離婚を認めなかった判決もあります。

そこで、ご質問のケースを見てみますと、別居期間がわずか三年という短期であること、その間、夫が不貞行為を働いていることから、そもそも夫からの離婚の請求が通ることはありません。相談に来られた信者さんに別れる気がないのなら、待てばいいのです。相手の気持ちが変わるのを待つことも、一つの方法です。

そして夫に対し、別居中の生活費（これを「婚姻費用」メモ③という）の請求も可能ですから、夫が不誠実なら、婚姻費用の分担を求めるだけの調停を起こすことも考えたほうがよいでしょう。

もちろん、その信者さんから夫に対して離婚を求めることは可能です。

DVに耐えかねて離婚へ。夫に財産的請求をしたい。

相談

夫の暴力がひどく、私もいろいろと努力をしましたが、残念ながら離婚することになりました。夫は大会社に勤めていて給料も多く、マンションも夫名義です。私たち夫婦には子どもがいませんが、離婚すれば住む所もなく、今後の生活を考えると非常に不安です。夫に対して、何らかの財産的な請求をしたいのですが。

（主婦）

慰謝料請求などの仲介は避けよう

離婚に伴う「財産給付」は大きな問題

愛し合って結婚したカップルでも、不幸にして離婚せざるを得ないことがあります。

離婚の原因のうち、不貞《ふてい》行為とか、悪意の遺棄《いき》（夫婦としての共同生活を維持する責任を果たさないこと）などは、それを行った側に責任があります。ご質問にあるような、夫から妻への暴力（DV＝ドメスティック・バイオレンス）も、もちろん離婚の原因となります。

このように、夫婦の一方に非があり、離婚の原因をつくったと判断される場合、いわば〝被害者〟の側から相手に対して何らかの請求ができないものでしょうか。

また、夫だけが働いている場合、マンションや一戸建て住宅を買う際は、主に夫名義で買うことになりますが、自分名義のものが一つもない妻は、何も持たずに離婚せざるを得ないのでしょうか。

子どもがいる夫婦の場合、たとえば妻が子どもを引き取ったなら、夫に対してどこまで経済的な請求ができるのでしょうか。

夫婦として一定の期間、共同生活をした二人が別れる際には、このように財産的な整理が非常に大きな問題になってきます。これが、離婚に伴う「財産給付」ということです。

夫婦には千差万別の形がありますから、これから説明することが、すべての離婚する夫婦に当てはまるわけではありませんが、一つの参考にはなると思います。

子どものいる夫婦の場合、子どもの親権をどちらが取るのか、養育費はどうするのかという最も重大な問題があります。それについては、のちに詳しく述べることとして、ここでは、子どものいない、あるいは子どもがすでに成人した夫婦の離婚について説明しましょう。

夫名義の財産も分与の対象となる

最近では、共働きの夫婦は珍しくなくなりました。夫婦がそれぞれの収入を自分で管理し、住宅を買うときでも、資金を出した割合に応じて共有持分《もちぶん》、共有登記（メモ①）をする夫婦も少なくありません。このような夫婦の関係を「夫婦別産制」といいます。

ところが、育児や老親の介護などで主に家事をしている主婦の場合、収入をもっぱら夫に頼っているため、住宅を夫名義で購入したり、預貯金もほとんど夫名義になっているのが普通です。

しかし、夫が仕事に没頭して収入を得られるのは、妻が家事を受け持ってくれるおかげでもありますから、夫名義でつくった財産は、夫婦が共同で築いたものと考えるべきです。したがって、離婚する際は、名義のいかんにかかわらず、婚姻《こんいん》中に築いたすべての財産（子ども・妻名義の預貯金などを含む）を寄せ集め、それぞれの財産形成に関する貢献度を考えて、夫婦で分別することになります。いわば、夫婦共同財産の清算です。これを「財産分与」といいます。

メモ①

【共有登記】 土地・建物などの不動産の所有名義が１人のものになっていることを「単独所有」、複数で持ち合っている場合を「共有」といいます。共有の場合は、共有者それぞれに持分があり、たとえば「夫３分の２」「妻３分の１」というように登記簿に記載されます。「相続登記」などでは、複数の相続人がいる場合、相続人全員が共有登記をすることもあります。共有者は自分の持分だけを処分することも可能です。

教会は金銭面の仲介より
精神面のケアを

夫婦共同財産を清算する際は

財産分与は、①婚姻後、夫婦が取得した財産　②夫婦の協力によって維持された財産――が対象となります。この考えによると、夫の退職金や年金などは財産分与の対象にならない、ということになってしまいます。

しかし、退職金や年金にしても、妻が家事をしてくれたおかげで夫は会社勤めを続けることができ、その結果、得られたものと考えれば、これらも財産分与の対象にしてよいはずです。そこで現在では、役割分担（夫は会社勤め、妻は家事）に基づいて生じた夫と妻の財産および所得能力の不釣り合いを、離婚に際して夫が補償し、対等にするという考え方が有力になってきています。

ただし、現在の裁判所は、夫婦共同財産の取得や、財産の維持について、妻としてどれだけ寄与したかによって財産分与の割合を定めるという考え方に立っています。これを「寄与度説《きよど》」といいます。

この説によれば、夫婦が共同で商売や農業をしている場合は問題ないのですが、サラリーマンの妻では、寄与度が必ずしもはっきりと目に見えるわけではなく、必然的に低いものと見なされてしまいます。

「妻のおかげ」「夫のおかげ」と拝み合う夫婦に離婚の危機はないのでしょうが、やむを得ず離婚するときは、それまでのパートナーの功労に対し、せめて感謝の心を添えて、できる限りのことをすべきではないでしょうか。

財産分与は、このように離婚に際しての夫婦共同財産の清算ですから、次に述べる「慰謝料《いしゃりょう》」とは異なり、離婚原因をつくった側（有責配偶者）にも当然の権利があります。

ただし長い年月、夫婦として生活してきたのち、夫の不貞や暴力によって離婚せざるを得ない妻は、将来の生活にも大きな不安が残ります。また、あとで述べるように、現在のわが国では慰謝料もさほど高額にならない現状などを考慮して、裁判例では、有責《ゆうせき》配偶者の財産分与の請求を制限するものもあります。

財産分与の割合については、一般的に、結婚期間が二十年程度であれば、夫と妻は二分の一ずつの権利を持つ、とされています。

それ以外の場合、もし当事者間の協議で分与の割合が決まらないときは、家庭裁判所の調停や審判で決めてもらうことになります。

なお、夫婦の共同生活で得た財産ではないもの、たとえば夫や妻の実家から相続などで得た財産、結婚前から有していた預貯金などは、財産分与の対象となりません。

慰謝料を請求できるのはどんな場合か

離婚原因をつくった側（有責配偶者）は、相手方に対し、損害を賠償しなければなりません。これは、円満な夫婦関係を破壊することが〝不法行為〟に当たるためで、離婚によって現実的な損害が生じた場合（たとえば夫婦が共同で出資した会社が維持できなくなった場合）、その損害を請求できるのは当たり前のことです。

そのほか、離婚により精神的な損害を受けたことに対する賠償金を慰謝料といいます。したがって、どちらが悪いとも言えない理由による離婚、たとえば精神病離婚（85ページ参照）とか、性格の不一致などによる離婚の場合は、慰謝料を請求できません。

妻が浮気をして夫から離婚を求められた場合に、「女だから慰謝料をもらいたい」などと言う人が時々いますが、このときの有責配偶者は妻ですから、妻から夫へ慰謝料を支払うことはあっ

DVに耐えかねて離婚へ。夫に財産的請求をしたい。

ても、妻が請求できるはずはありません。

慰謝料は年々、上昇しています。実際の調停や裁判の場では、財産分与と慰謝料を一括して離婚の際の財産給付とすることもありますので、次に示す婚姻期間に応じた慰謝料の目安は、慰謝料のみの正確な額ではありません。その点を踏まえたうえで、平成十（一九九八）年の統計を紹介します。

三年未満………百五十万円前後
六年未満………二百五十万円前後
十年未満………三百五十万円前後
十五年未満……四百五十万円前後
二十年未満……五百五十万円前後
二十年以上……六百五十万円前後
二十五年以上…七百五十万円前後

慰謝料は、夫婦の経済状況、離婚原因、家族関係などによって個別に判断されますので、右の統計は、あくまでも一つの目安にすぎないことに注意してください。

夫の浮気相手にも賠償請求できる

たとえば、夫の不貞が原因で離婚したとき、夫に対して慰謝料を請求できることは当然ですが、夫の浮気相手となった女性にも請求できるのでしょうか。

法律上では、浮気は、夫とその女性による「共同不法行為」[メモ②]ということになり、損害賠償（慰謝料）の請求は可能です。現に、ほとんどのケースで、相手の女性に対する請求が認められています。

ただし、夫からかなり高額な慰謝料を取得したあと、あらためて相手の女性にも慰謝料を請求した事例で、裁判所は「不貞は、夫とその女性との、妻に対する共同不法行為だから、共同不法行為者の一方から、損害の全額賠償を受けたと考えられるときは、女性に対して請求することはできない」と判断しました。どの程度が全額賠償といえるのかは、はっきりしませんが、夫から賠償を受けているときは、女性からの賠償額が少なくなることは仕方ありません。

メモ②

【共同不法行為】共同して他人に害を与えた者は、連帯して損害賠償をする義務があります。被害者の保護のため、法律が特に定めたものです。裕福な人と貧しい人が共同で第三者に被害を与えた場合、たとえ貧しい人が圧倒的に悪くても、被害者としては、裕福な加害者から損害賠償額の全額を支払ってもらうことができます。賠償をした裕福な加害者が、代わって賠償した金額を、貧しい加害者から返してもらえなくても仕方がない、というのが法律の立場です。

相手に対する怒りや恨みの感情を和らげる

財産分与と慰謝料は、結局のところ、お金の問題であり、当事者の利害が最も対立するところです。また、法律的、技術的にもかなり複雑な問題が絡《から》んできますので、おそらく教会長が仲介《ちゅうかい》することは困難だと思います。

しかし、表面上は金銭面のことであっても、その根本には相手に対する怒りや恨《うら》みの感情があるわけですから、双方の言い分をよく聞き、そして双方の良いところをさりげなく伝えて、感情を和らげるように努めることで、解決が早まる場合があります。

そのうえで、積極的に家庭裁判所の「家事調停」《メモ③》を利用することを勧めてください。決して当事者の間に立って、金銭面での交渉の仲介などはしないことです。お互いの心さえ静まれば、解決は決して難しくありません。

メモ③

【家事調停】家庭裁判所への申し立ては、一般人が容易に調停を利用できるよう、口頭でもよいことになっています。受付には、定型の申し立て用紙が用意してあり、誰にでも親切に手続きの仕方を教えてくれます。申し立ての内容により、提出する書類（戸籍謄本、住民票など）が異なりますので、事前に電話等で確認してください。申し立ての手数料は1件900円です。

妻の浮気で離婚することに。子どもの親権や養育費等はどうなる？

相談

妻と離婚することになりました。妻の浮気が原因です。三歳になる子どもは私が引き取り、私の両親と一緒に育てるつもりです。しかし、妻も「子どもは私が育てる。養育費をもらいたい」と言っています。どうしたらよいでしょう。そして、もし妻が子どもを引き取ることになったら、この先、子どもと会えるのでしょうか。

（会社員）

離婚問題で教会の果たす役割は大きい

協議離婚に伴う「親権者」の決定

親が未成年の子に対して持つ、保護・監督・教育・財産の管理その他の包括的な権利を「親権《しんけん》」といいます。夫婦関係が穏《おだ》やかなときには、さほど問題にならないのですが、ひとたびこじれて離婚せざるを得なくなった際に、未成年の子がいれば、父か母のどちらか一方を「親権者」と定めることになりますので、大きな問題となります。

以前は、親権者と、実際に子どもを手元に置いて育てる「監護《かんご》者」を分けることもありましたが、現在は、親権者だけで子どもを育てることが一般的です。

また、最近は少子化のせいもあり、子どもの親権を取り合うケースが増えてきています。

協議離婚の際は、子どもの親権者を誰《だれ》にするかを決める必要がありますが、もしまとまらないのなら、協議離婚それ自体が成り立ちません。

そのようなときは、家庭裁判所の調停あるいは「家事審判」メモ①で親権者を決めてもらうことになります。一般的には、子どもの養育を考え、小学生くらいまでの子どもについては、母親が親権者と指定されることが多くなっています。

ただ、親権は、あくまで子どもの幸福のためのものですから、母親の品行《ひんこう》が悪く、子どもの健全な育成が期待できないような事情があるときは、父親に親権が認められることもあります。この場合、父親は仕事などで家にいる

メモ①

【家事審判】 家庭内の親子、夫婦などの身分関係の紛争は、元来、非合理な面があり、訴訟《そしょう》のように一刀両断にはなかなかいきません。そこで裁判所が関与して、訴訟技術の巧拙《こうせつ》などで不合理な結果とならないよう、あらゆる事情を斟酌《しんしゃく》して結論を出すのが「家事審判」です。いったん確定すれば、確定判決と同じ効力を持ちます。親権者の指定のほか、夫婦の扶養《ふよう》義務、遺産分割、未成年養子の許可、成年後見《こうけん》など広く適用されます。

ことが少ないため、父親に代わって子どもを育てられる健康な〝両親〟（たとえば祖父母）などがおり、子どももよくなついている、といったことなどが条件となります。

ご質問にある、奥さんの浮気がどの程度のものか分かりませんが、子どもを放置することがなかったような場合なら、三歳という年齢から見て、母親に親権が認められる可能性が高いといえます。

ただし、離婚後、その母親が不行跡《ふぎょうせき》を繰り返し、子どもを顧《かえり》みないような生活を続けている場合には、父親として、親権者の変更を家庭裁判所に申し立てることができます。離婚しても、子どもから目を離さずに見守ってください。

「養育費」は父と母が負担すべきもの

子どもの親権者となった者は、相手方に対して「養育費」を請求することができます。

養育費は、子どもが健全に成長するために必要な費用ですから、基本的には〝子どもの権利〟といえます。ですから、親権者が代行して請求していると考えればよいでしょう。

よく「一カ月五万円くらいで、子どもを養育できるはずがない。安すぎる」という声を聞きます。養育費は父と母の双方が負担すべきものですから、たとえば親権者が母親で、父親から毎月

子どものため、
を考えるのが一番

五万円の養育費の支払いがあるときは、母親は現金を支出しない代わりに、子どもを手元で育てている費用として五万円相当の働きをしていると捉《とら》え、子ども一人に父母で計十万円分の養育費をかけていると考えるのです。それなら、一概に安いとはいえないでしょう。

養育費の一般的な額はどれくらい？

最近では、幼稚園にあがるときや、小・中・高校あるいは大学の入学時にかかる経費の二分の一を、毎月の養育費とは別に支払ってもらうケースも増えてきています。親であれば当然のことです。

毎月の養育費については、父親と母親の経済的事情を無視するわけにはいきませんので、仮に父親の収入が低いときは、一カ月二〜三万円ということもあります。もちろん、収入が高ければ十万円以上ということもありますが、多くは、一カ月五万円前後ということになるでしょう。

ただし、子どもが二人、三人といるときは、そのまま十万円、十五万円となるわけではなく、二人なら七～八万円、三人なら十万円くらいと、一人当たりの養育費は少なくなる傾向にあります。

これらは、あくまでも一般的な額であって、個別のケースによって異なりますので、参考程度にしてください。

そして、もう一つ注意すべきことがあります。養育費をいったん決めても、その後の事情、たとえば仕事がうまくいって高収入を得られるようになったとか、反対に、会社が倒産したり、本人が病気になって収入が少なくなったときには、その都度、増額や減額の請求ができるということです。メモ②

固定的に考えず、柔軟に、無理なく出せる金額から支払い始めることが大切です。

「面接交渉」は子どもが親に会う権利

夫婦が離婚しても、子どもにとって父親と母親であることには変わりあ

メモ②

【養育費の増・減額請求】 養育費は「扶養費」と言い換えることもできます。調停や審判では「扶養料」ということが多いようです。養育費は、基本的に子どものためのものであること、しかも成人あるいは18歳に達するまで支払われるため、長期間にわたり、経済変動や貨幣《かへい》価値の変動などの影響を受けます。また、当事者間の経済状態も変わりますので、そのようなときは家庭裁判所へ増額や減額の請求の調停、もしくは審判を申し立てることもできます。

りません。親権者の手元に引き取られた子どもに会いたいのは、親として当然の気持ちです。しかし、たとえば夫の浮気が理由で離婚した妻にとって、そんな元夫（父親）に子どもを会わせる気が起きないのは当たり前です。顔も見たくない元夫が、子どもに会いに来ることなど到底耐えられないという女性は、私の周囲にも多くいます。

子どもの健全な成長には、両親のどちらからも愛されているという基本的な信頼感が必要です。夫婦の離婚という不幸な出来事はやむを得ないとしても、親として子どもを愛しているということは伝え続けなければなりません。特に、幼い子の場合、両親とのスキンシップは心の成長に不可欠だといわれています。

こうした観点から、離婚して子どもと別れた一方の親が、子どもと会う「面接交渉」が行われています。

面接交渉権は、養育費と同じように、基本的には〝子どもの権利〟です。もともとは、子ども（たとえば中学生）が別れた父親に会いたいのに、親権者である母親が会うのを許さないような場合に、子どもの権利として父親と会うこと（面接交渉）を許さなければならない、という使われ方をしてきました。現在では、別れた一方の親が子どもに会う権利として主張されることが多いようです。

あくまでも子ども中心に考える

家庭裁判所では、調査官《メモ③》などが、両親と子どもの関係などを十分に調査したうえで、面接交渉の回数、方法などをアドバイスします。最初はなかなか認めようとしない母親に、子どものためには父親に会わせることが絶対に必要であると説得し、最初は短時間の面接から始め、徐々に時間を長くするといった方法を指導することで、うまくいっているケースがほとんどです。

面接交渉の回数は、月一回が多いようですが、夏休み、クリスマス、正月などの際は特別に回数を増やしたり、子どもが会いたいと言ったときは取り決めにこだわらない、といったものまで千差万別です。子どもの体調も考えながら、子ども中心に考えるようにしてください。

面接交渉の際に、その月の養育費を渡すというケースもあります。養育費支払いの履行《りこう》を確保するという点からも、望ましいやり方です。

面接交渉の方法としては、①母親が子どもを連れて公園やレストランなどで父親と会い、一緒に遊ばせる　②父親が迎えに来て、子どもと二人きりになり、約束の時間までにまた送ってくる　③子どもだけが父親のもとへ出か

メモ③

【調査官】「家庭裁判所調査官」といいます。家庭裁判所は、法律的解決を目指す一方、当事者の感情を和らげたり、当事者の背後関係を十分に考慮したうえでの調整機能を持つことが不可欠です。調査官は十分に訓練された専門家として、単なる事実関係の調査にとどまらず、ケースワーカー、カウンセラーの役目や、当事者同士の紛争の際の教育的機能まで果たします。秘密は守られるので、何でも打ち明けてみましょう。

けていく――などがありますが、私の知るケースでは、年に数回、泊まりがけで旅行に行くというものもあります。子どもの心理状態、成長の度合いに応じて考えればよいでしょう。

教えの理合いを説き、根気よく導く

子どものいる夫婦が離婚する場合、教会の果たす役割には大きなものがあります。両親の離婚によって、子どもの精神状態はきわめて不安定になっています。そのことを踏まえたうえで、会長さんをはじめ、教会の家族が子どもを温かく受け入れ、場合によっては教会家族の一員として共に生活することで、子どもに大きな精神的安定感を与えることができます。あるいは、少年会活動や「こどもおぢばがえり」などを通して、いつも教会に出入りするように促し、子どもを見守っていくのもいいでしょう。

親権者は得てして、別れた一方（たとえば父親）のことを悪く言うものです。それを聞く子どもの多くは、非行に走りがちです。教会では、そのような母親に、信仰上の理合いを説き、別れた夫に対する恨《うら》みなどの感情を和らげるとともに、子どもに対するお詫《わ》びの心を持てるまで、根気よく導いていかなければなりません。

具体的には、面接交渉の場所として教会を提供することもいいでしょう。別れた父親と子どもを二人きりにすることに不安を感じる母親でも、教会内で父親と子どもが遊んでいる姿を見れば納得するでしょうし、現に、これを行っている教会もあります。

いずれは、別れた両親が、子どもと一緒におぢば帰りをするという、夢のような話が実現するかもしれません。

少子化の中で激増する離婚。〝事情だすけ〟としての教会の果たす役割は、いくらでもあるはずです。

第4章

親族・相続関係について

住み込み信者の葬儀を教会で行った。玉串料等の相続問題はどうすればいい？

相談

教会に住み込んでいたAさんが出直されました。Aさんには妻子があるのですが、ほかの女性との間に子どもをつくったため妻子に見放され、教会でお世話をし、葬儀も教会で行いました。参列者からの玉串料《たまぐしりょう》もお預かりしているのですが、相続問題を含め、どのようにすればよいのでしょうか。

（教会長）

教会はお金や物でたすける所ではない

相続の順位と割合は法律で決まっている

相続人となる人、そしてその順位は法で定められています（次ページの表参照）。配偶者は常に相続人となります。ただし、一緒に暮らしていても入籍していない者（内縁《ないえん》の夫や妻、婚約者、愛人など）は相続人になれません。

順位	相続人と相続分
1	配偶者½、子½
2	配偶者⅔、直系尊属⅓（親・親の親）
3	配偶者¾、兄弟姉妹¼
4	直系尊属（親等の近い者から）
5	兄弟姉妹

4、5の場合、同順位の者の間では、相続分が平等になります。たとえば、4で両親がいるときは、父、母がそれぞれ二分の一ずつ、5で兄弟姉妹が五人いれば、それぞれ五分の一ずつ相続することになります。

ご質問のように、妻以外の女性との間にできた子は「非嫡出子《ひちゃくしゅつし》」と呼ばれ、この場合は「嫡出子」（婚姻《こんいん》関係のある男女から生まれた子）の二分の一となります。非嫡出子でなくても、父母の一方のみを同じくする兄弟姉妹は、父母の双方を同じくする兄弟姉妹の相続分の二分の一となっています。

また、相続開始前に、相続人となるはずであった直系卑属《ひぞく》（子や孫）が先に死亡したような場合は、生きていれば相続したであろう相続分を、その人の直系卑属が相続できます。これを「代《だい》襲《しゅう》相続」といいます。子や孫がいないとき、兄弟姉妹の代襲相続は認められません。

献身的な相続人には「特別寄与」がある

このように、相続分は法で定められており、共同相続人の間で平等に分割されます。

玉串料を預かったはいいが……

しかし、例外もあります。相続人である子どものうちの誰《だれ》かが、特別に、被相続人である親の家業（商売や農業など）を手伝ったり、資金を出したり、親の療養・看護などに尽くしていた場合、その人を「特別寄与《きよ》者」といい、その貢献の度合いに応じて、相続分とは別に一定の割合の相続財産が与えられます。これを「寄与分」といいます。

たとえば、家庭裁判所が寄与分を二割と見なせば、その相続人は、全体の二割を寄与分として与えられ、残りの八割を、通常の遺産分割の方法で分けることになります。子どもが四人いるときは、子ども一人につき、残り八割の四分の一が相続分となり、特別寄与者は、寄与分としての二割を合わせた計四割を受け取ることになります。

ただ、この特別寄与者と認められるには、ほかの相続人とは明らかに異なった献身的な行為が必要です。多くの場合は親孝行の一つと見なされ、寄与分までは認められないことが多いようです。

ここで注意すべきは、寄与分が認められるためには、相続人であることが条件となります。ご質問のように、教会や他人が、いくら献身的に面倒をみても、寄与分が認められることはありません。

実子でも相続の資格を失うことがある

ところで、親の生前中、侮辱《ぶじょく》したり虐待《ぎゃくたい》したような子どもに、相続権を認めるのは人情に反します。

そこで法は、相続人が被相続人に対する犯罪行為をしたときには、相続人としての資格を奪い（欠格）、あるいは被相続人の意思によって、相続人から除外（廃除）することを認めています。

被相続人を殺そうとしたり、詐欺《さぎ》・脅迫《きょうはく》によって遺言を書かせ、あるいは遺言書を偽造変造・破《は》棄《き》したようなときには「欠格事由《じゆう》」となって、相続人としての資格を失うことになります。

たとえば「馬鹿《ばか》オヤジ」などと罵《ののし》り、襟首《えりくび》をつかんで引きずり回したりした子の廃除が認められた例があります。

ご質問のようなケースでは、父親にも落ち度があり、虐待とはいえない程度と考えられますので、妻子を相続人から廃除するのは難しいと思われます。廃除については、生前であれば、家庭裁判所へ推定相続人廃除の申し立てをすることができ、遺言で廃除することもできます。

ただ、子を廃除しても、その子（孫）が代襲相続することになりますので、結局、ほかの相続人の相続分が増えることにはなりません。

相続財産の範囲を決めるのは難しい

相続財産は、死亡時点の財産だけに限りません。相続人の一人が生前に財産の一部をもらっていたり、特別に利益を受けていた場合、それらを除外するのは不公平になるからです。

共同相続人の一人が遺言で特別に贈与を受け（遺贈）[メモ①]、婚姻、養子縁組のために持参金をもらったり、もしくは生計の資本として贈与を受けたり、ほかの兄弟姉妹に比べて特別の高等教育を受けていた場合は、相続財産の前渡しがあったものと判断されます。こうした相続人を「特別受益者《じゅえきしゃ》」といい、相続時に、その総額を加えたものを相続分とします。

メモ①

【遺贈《いぞう》】遺言による財産の無償譲与《じょうよ》のことをいいます。遺贈は、自分の死後、他人に財産的利益を与える行為ですから、相手（受遺者という）の意思にかかわらず遺言者単独でできます。もし受遺者が遺贈を受けたくないときは、放棄《ほうき》すればよいのです。相続人以外に財産を与えたいときは、この遺贈が効果を発揮します。ただし遺言が有効でないと、その内容である遺贈も有効とはなりません。

たとえば、相続人が兄弟三人で、そのうち長男は、商売を始める際に土地建物をもらっていたとすると、相続開始時の遺産を二億円として、その土地建物の評価が四千万円の場合は、相続財産は合計二億四千万円となり、その三分の一である八千万円が一人の相続分となります。長男は、すでに不動産として四千万円分を受け取っていますから、相続時には残り四千万円を受け取れるだけで、二男と三男が八千万円ずつを受け取ることになります。

この特別受益の評価を含め、相続財産の範囲を定めるのは、ひと苦労です。すでにもらった人は、なるべく低く評価しますし、もらっていない人は、その反対に高く評価をします。そんなわけで、相続財産の範囲と評価を定めるのはきわめて難しく、なるべく早い時期に家庭裁判所へ家事調停（98ページ参照）を申し立てることをお勧めします。

この場面で、教会にできることはほとんどありません。特別受益に当たるか、あるいは当たるとしたら、現時点での評価はどれくらいか、遺産として残った自宅の評価はいくらか、それを誰《だれ》が相続するかなど、素人《しろうと》での調整はまず不可能です。こじれる前に、家事調停の申し立てを勧めるのが賢明です。

相続争いは時に修羅場となる

相続争いの場に立つと、財産の奪い合いのほかに、肉親間の感情が加わるため、本当に目を背《そむ》けたくなるような修羅場《しゅらば》となることがあります。

そんな中でホッとするのが「私はいま幸せだから、実家の財産はいらない」とか、「出直した父の遺志として、人だすけのお役に立てていただくよう教会にお供えしてくれれば、私は一円もいらない」という声を聞くときです。

もちろん、なかには被相続人が莫大《ばくだい》な借金を残してしまったため、相続はしたくないという人もいますが、このような場合も相続を放棄《ほうき》でき、その結果、債務の支払い義務を免《まぬか》れることができます。

ただし、放棄する際は、家庭裁判所に「相続放棄申述書《しんじゅつしょ》」[メモ②]を提出しなければならず、単に口頭で宣言しても放棄したことにはなりません。

放棄を申述する期間も、自己のために相続の開始があったことを知ったときから三カ月以内とされています。あくまで「知ったとき」ですから、離れて生活していて連絡がとれなかったり、音信が途切れていたときは、相続を知ったときから三カ月以内ということになります。

メモ②

【相続放棄申述書】 家庭裁判所の窓口に申述書の用紙が備え付けてあります。これに、被相続人と申立人の身分関係を証明する戸籍謄本《とうほん》等を添えて提出します。家庭裁判所では、相続放棄の意思が自由意思から出たものか、誰かに強制されていないか、放棄の意味と効果を正しく知っているかなどを確認するため、申立人と面接をし、真意であると確認できれば、相続放棄を認めることになります。

教会は世話取りの対価を求めてはいけない

教会は、困っている人のお世話をさせていただく所です。その対価を求めるべきではありません。前に述べたように、法律的にも、相続人でない教会や教会長さんなどは寄与分の主張はできません。

しかし、身体《からだ》や心を使ってのひのきしんのほかに、その人もしくは相続人が負担すべき費用を立て替えるという場合もないではありません。ご質問のように、信者さんが教会に住み込むことになっても、家や土地、その他の財産を持っている限り、生活保護を受けるのは困難です。そのために、教会は社会保険料などの支払いをしなくてはならず、それを立て替えたり、医療費などの出費も必要となるでしょう。また、出直しの際に教会で葬儀を行えば、相応の出費を覚悟しなければなりません。

それでは、これらのお金は請求できるのでしょうか。教会だから請求すべきではない、という議論もあるでしょうが、もともと財産のある方が、一時的に教会にたすけを求めてきたという場合には、教会長家族らと一緒の衣食住以外の出費については、返してもらうべきだと思います。

民法では、義務なくして他人のために事務を処理することを「事務管理」といいますが、その管理者が、他人のために有益な費用を出したときは、その費用の返還を請求できることになっています（七〇二条）。

ただ、葬儀は、法律上は死亡した人のためではなく、遺族のために行うことですので、葬儀費用の請求は遺族に対して行うことになります。もともと天理教の葬儀は華美ではありませんから、ほとんど問題はないのですが、宗派によっては巨額な費用がかかるものもあり、このような場合は、中等度の葬儀費用の返還しか認められないことになります。

ご質問にある、お預かりしている玉串料は遺族のものですから、お返ししたうえで、実費を支払ってもらってはいかがでしょうか。

教会が費用返還請求をしなければならないようなおたすけは、原則としてすべきではありません。これまでにも何度か述べてきましたが、教会は心をたすける所であって、お金や物でたすける所ではないからです。ただし、やむを得ない場合もありますから、このような方法もあるという程度に理解しておいてください。

出直し後、全財産を教会へお供えしたい。争いが起こらない遺言の作り方は？

相談

私は早くに妻を亡くしましたが、二人の子どもを育て上げ、いまは孫もいて幸せです。ここまでくるのに、教会には大変お世話になりました。あと何年健康でいられるか分かりませんが、私が出直したら、すべての財産を教会へお供えしようと思っています。あとで争いが起こらない、遺言《ゆいごん》の作り方を教えてください。

（よふぼく）

〝尊い真実〟が争いの種にならぬよう

遺言は常に新しいものが有効となる

遺言（法律の世界では「いごん」ともいう）が、①財産（遺産）の処分に関するもの　②身分に関するもの　③遺言事項実現のためのもの――について書かれるとき、その内容は法律上の効果を持つことになります。これらを「遺言事項」といいます。

もちろん「兄弟姉妹仲良く」とか「遺されたお母さんを大切に」といった内容を書くこともありますが、これらは遺言事項でないため、法律上の強制力を持ちません。

遺言事項のうち、①が〝遺言の本体〟ともいうべきもので、遺贈《いぞう》（115ページ参照）や寄付行為、あるいは相続分の指定、時には遺産分割の禁止[メモ①]などを含みます。②は、認知や未成年者の後見《こうけん》人の指定などです。③は、遺言執行者[メモ②]の指定や報酬《ほうしゅう》の定めなどです。

遺言は、いつ書いてもいいのですが、前の内容と矛盾《むじゅん》する内容を書くと、新しい遺言が常に有効となります。その際、前に書いた遺言を、いちいち取り消す必要はありません。

私の事務所に相談に来られた方で、兄弟姉妹それぞれが父親の遺言を持っていて、それらが皆、当人に有利な内容となっていました。その父親は、それぞれの子どもの所に行っては、その子に一番有利な内容を書いては喜ばせ、大切にしてもらっていたようですが、結局は一番最後に書いた遺言が有効となり、兄弟姉妹が仲たがいしてしまいました。これでは罪つくりというべき

メモ①

【遺産分割の禁止】遺産は相続開始により分割され、個人所有となるのが一般的です。一筆の土地を3人で分けるといった場合でも、売った代金を3等分するとか、1人が他の2人にお金（代償金）を払って単独所有にするというようなことです。しかし、兄弟姉妹で共同の事業や農業をやっているようなとき、5年間という期限つきですが、遺言で遺産分割を禁止できます。相続人の頭を少し冷やすには、いい方法かもしれません。

でしょう。

素人が作った遺言は無効になりやすい

このように、遺言は法律上の効果を持つため、その形式が厳格に定められています。

まず「特別方式」と「普通方式」があります。特別方式は、重病や伝染病、船舶《せんぱく》の遭難《そうなん》といった危急時《ききゅうじ》に作られるもので、口頭でも立会人がいれば効力を持つものです。

通常の場合は、次の三種類の普通方式によることになります。

①自筆証書遺言

遺言者が遺言書の全文、日付、氏名を自書（ワープロ等は無効）し、印鑑を押して作成します。

この方式は、たとえば日付を「平成十五年一月吉日」と書くと無効になりますし、文書を訂正するときも、訂正個所に変更した旨《むね》を記載して署名をし、かつ訂正個所に印を押さなければ効力を生じないなど、書式などが厳格に決

メモ②

【遺言執行者】遺言を執行させる目的のために選任された者です。遺言で定めるのが一般的ですが、必要なときは家庭裁判所に選任してもらうこともできます。遺言執行者は、財産目録を作成する義務があります。また、相続財産の管理をはじめ、遺言の執行に必要な強い権限を有しています。辞任するときは、家庭裁判所の許可が必要とされています。

遺言が争いの種にならぬよう、
くれぐれも配慮を

められています。素人《しろうと》が作成すると、必ず何らかのミスがあり、遺言書全体が無効となることも多く、あまりお勧めできません。弁護士や、信託銀行などの専門家の指導を受けながら作成すれば間違いありません。

②公正証書遺言

公証人役場へ行き、公証人に作ってもらう遺言です。自宅や病院にも出張してくれます。後日の紛争の防止、有効性の確保、遺言書の保管・執行などの点で最も確実です。

ただし、公正証書遺言は、遺産の額に応じた費用がかかり、利害関係のない証人が二人必要となるなど非常に面倒ですが、何より遺言を直《ただ》ちに実行できることを考えれば、一番安全で確実なものとしてお勧めできます。

③秘密証書遺言

遺言内容を秘密にするために、遺言（自書でなくても構わない）に署名捺印《なついん》し、封印したものを公証人へ提出し、自分の遺言であることを述べて、その旨、公証人に証明してもらうものです。

この方式は、遺言書自体の作成に公証人が関与するわけではないので、自筆証書遺言のように無効になるケースも多く、あまりお勧めできません。

病気によって遺言が無効になることも

遺言は相続開始（死亡）と同時に効力を生じます。特に、遺言の中で、遺言執行者を誰《だれ》にするかを定めておけば、その遺言執行者は、遺言通りに各種の処分ができます。

たとえば、銀行から預貯金をおろして遺言に定められた通りに分配したり、不動産の登記を遺言に従って行うこともできます。

遺言の内容に不満のある人は、遺言無効の訴えを起こしたり、次に述べる遺留分の減殺《げんさい》を請求したりして、自分の権利を守ることができます。

ご質問のように、遺言ですべての財産を遺贈することを「包括遺贈」といい、遺産の一部（たとえば別荘）を遺贈することを「特定遺贈」といいます。包括遺贈も特定遺贈も、遺言の効力発生と同時に効力を生じ、所有権が移転しますので、遺産を贈られた人は移転登記を求めることができます。

ところで、遺言の形式が正しければ、常に遺言が有効であるというわけではありません。たとえば、「アルツハイマー型痴呆《ちほう》」や「脳梗塞《こうそく》」などと診断された場合には、公正証書遺言であっても、あとになって裁判で無効とされることがあります。これらの患者さんは、故意に誘導すれば何でも「はい」と答えることもあり、遺言が真意ではない可能性があるからです。

「遺留分」とその請求について

被相続人は、自分の財産を遺言によって自由に処分することができます。

とはいえ、夫婦として一緒に築いてきた財産がすべて夫名義である場合や、妻や子どもにとって生活を維持するための重要な財産である場合などを考慮して、妻、子ども、直系尊属《そんぞく》（父母、祖父母）に対しては、被相続人の遺言に反しても、一定の財産を残そうとする制度があります。これが「遺留分《いりゅうぶん》」です。なお、兄弟姉妹に遺留分は認められていません。

したがって遺留分は、遺言がないとき、すなわち法定相続分（111ページ参照）によるときや、遺言があっても遺留分を侵害していないときは、問題になりません。

コラム

【遺言能力】遺言をすることが許される意思能力のことをいい、満15歳になれば認められます。このように、未成年者にも遺言能力を認めたのは、遺言は、本人の死後に効力が発生するものであるため、無能力者（未成年者）の保護を考える必要がないからとされています。

遺留分は、次のように定められています。

①直系尊属のみが相続人の場合——三分の一

②その他の場合——二分の一

たとえば、妻と長男・長女のいる被相続人の遺産が一億円あり、そのすべてを長男に相続させると遺言した場合には、遺留分は次のように計算します。

まず、この場合の遺留分は二分の一ですから、まず長男から五千万円を取り戻し、妻と長女はそれぞれに法定相続分を掛け、妻は二分の一の二千五百万円を、長女と長男も相続人ですから、二千五百万円に二分の一を掛けた千二百五十万円が遺留分となります。結局、長男は遺言により一億円もらったのですが、妻（母）と長女の遺留分を侵害したため、二人分の遺留分として計三千七百五十万円を返さなくてはいけないのです。これを「遺留分減殺請求」といいます。

なお、遺留分減殺請求権は、相続が開始され、自分の遺留分が害されたことを知ったときから一年間で時効となります。一年が経過すると請求できなくなり、遺言の内容のまま確定してしまいます。

請求権の行使の方法としては、内容証明郵便で「遺留分の減殺を請求する」という通知を相続人（この場合は長男）に出すだけでよいので、心配なときは一応出しておいたほうがよいでしょう。その後に家庭裁判所へ調停を申し立て、解決するのが一般的です。

遺言者と相続人の気持ちを汲んで

ご質問のように「すべての財産を教会へお供えする」というのは、先に述べた包括遺贈ということになります。

遺言が有効である限り、遺言者の死亡と同時に、全遺産は教会のものとなります。しかし、相続人として二人の子どもさんがいるわけですから、彼らは遺留分として全遺産の二分の一の権利を持っており、それぞれ遺留分の二分の一ずつ、すなわち全遺産の四分の一ずつの遺留分減殺請求権があることになります。もし、教会が任意に遺留分を返還しないときは、教会に対して遺留分減殺請求がなされることになります。

遺言者本人の「お供えしたい」という強い意思は、尊重すべきだと思いますが、子どもたちの遺留分まで明らかに侵害する内容が遺言に書かれている場合は、教会としても困るのではないでしょうか。

遺言者の気持ちを、子どもさんも十分に納得していれば問題ないのですが、もし、そうでないときは、教会が争いの当事者となってしまうおそれがあります。むしろ、事前に遺留分に相当するような財産を子どもたちに分けておいてから、残りを教会へのお供えにするとか、遺言で、子どもたちに相続させる分（これも遺留分以上の額でないと減殺請求される）と、教会へのお供え分を明確にするなどの工夫をしてみてはどうでしょうか。

あるいは、相続ということにはなりませんが、質問者がお元気なうちに、世のため人のために役立ててもらうよう、財産をお供えしたり寄付するなどして、遺産として残さないという方法もあります。

尊い真実の気持ちが、くれぐれも争いの種とならないよう、二人の子どもさんはもとより、教会ともよく話し合って決められたらいかがでしょうか。

養子をもらって家を継がせたい。分からない方法で籍を入れるには？

相談

中年の信者さん夫婦には子どもがいません。「将来のことを考えると不安なので、養子をもらって家を継がせたい」と希望しています。できれば、養子と分からない方法で籍を入れたいと言っていますが、どうしたらよいでしょうか。（教会長）

血縁にこだわらず〝親子〟のあり方を求めて

〝親のため〟から〝子のため〟の養子へ

血縁のない者の間に、法律的な親子関係をつくるのが養子縁組の制度です。

養子縁組は、社会状況の変化に伴って、その意味づけも変わってきています。家名を守り、財産や家業を受け継がせ、あるいは老後の扶養《ふよう》を期待する養子縁組から、何らかの事情で親の愛情を受けられない子どもに親の愛情を与え、一方では、子どものいない夫婦の「子どもを育てたい」という思いを叶《かな》える養子縁組への変化です。

言い換えれば、〝親のための養子〟から〝子のための養子〟へと変化してきたということでしょうか。

現在では〝子のための養子〟が本筋とされています。ご質問のような考えは〝親のための養子〟と言えそうですが、その場合でも、他人の子どもを育てることは並大抵ではありません。『稿本天理教教祖伝逸話篇《いつわへん》』に「人の子を預かって育ててやる程《ほど》の大きなたすけはない」（八六「大きなたすけ」）とあるように、養子縁組をするにも、世話をさせてもらうという真実の心が何より大切なのです。

養子縁組により嫡出関係が成立する

養子縁組は、養親《ようしん》になる者と養子になる者が届け出をすれば成立します。養子になる者が十五歳未満の場合には、法定代理人（親、後見人《こうけん》、あるいは児童福祉施設の長）が行います。これを「代諾《だいだく》縁組」といいます。

ただし、未成年者を養子にするときは、その子が、養親となる者またはその配偶者の子や孫と

世話をさせてもらうという
真実の心が大切

いった直系卑属《ひぞく》の場合（たとえば婚姻《こんいん》外でもうけた子を養子にするような場合）を除いて、家庭裁判所の許可が必要です。これは、自らの意思を表明できない未成年者を保護するためのものです。

そして〝子のための養子〟という観点からは、

①養親は成年者であること

②養親は、養子の尊属《そんぞく》（自分より世代の上の血族・姻族〈配偶者の血族や子の配偶者など〉）、または年長者であること

③養親となる者に配偶者があるときは、原則として配偶者と共同して縁組をしなければならないこと

などの制限が設けられています。

養子縁組をすると、縁組の日から、養親と養子の間には嫡出《ちゃくしゅつ》関係が成立します。すなわち、法律的に実子と同一の身分を取得することになるのです。さらに、養子と養親

の血族の間にも、血族間におけるものと同一の親族関係が生じることになります。

もちろん、養子にとって、実親《じっしん》との関係が消滅するわけではありませんから、実親と養親という二組の親を持つことになり、たとえば相続権も両方の親に対して有することになります。また養子は、養親の氏（姓）を称することになります。

他人の子を実子と偽って届け出た事件

ところで、他人が産んだ新生児を、自分たちの実子として届け出る例も少なくないようです。

かつて、こんな事件がありました。中絶を求めてきた女性に、子どもを欲しがっている夫婦を紹介し、赤ちゃんを斡旋《あっせん》することで中絶を思いとどまらせ、実子《じっし》としての戸籍届け出に協力する産婦人科医などが現れ、社会問題となりました。しかし、事実と届け出が異なる以上、それは虚《きょ》偽《ぎ》の出生届として無効であることは言うまでもありません。

ここに至るまでには複雑な事情があるはずで、関係者の心情を理解できないわけではありませんが、戸籍の信頼性、あるいは予測できない弊害《へいがい》の発生を防ぐ意味から、法律上は無効とせざるを得ません。

ただし、このような場合には二つの救済方法があります。一つは、次に述べる「特別養子」で、もう一つは、無効な届け出であっても養子縁組として有効とする方法です。

しかし、後者について、最高裁判所は、養子縁組は届け出の方式が定まった「要式行為」（メモ①）であるから、虚偽の出生届をもって養子縁組として扱うことはできないと判断しました。結局、現在では、特別養子制度を利用するよりほかに方法はありません。

強固な親子関係をつくる「特別養子制度」

六歳未満の子どもを養子にするときは、特別養子制度という方法があります。これは、養子とその実親との親子関係を消滅させ、養親と養子の関係を唯一の親子関係とし、原則として離縁を認めないというものです。

特別養子は、恵まれない低年齢の子どもに温かい家庭を与え、養親を法律上の唯一の親とすることで、強固な親子関係をつくろうとするものです。

普通養子と特別養子では、要件がかなり異なります。例外はありますが、原則は次ページの表の通りです。

これについて、少し具体的に説明しましょう。

メモ①

【要式行為】一定の形式、方式を必要とする法律行為のことをいいます。たとえば婚姻は、婚姻届という方式によらない限り、法律的効力は生じません。このほかに遺言、定《てい》款《かん》の作成、手形の振り出しなどがあります。いずれも厳格な方式、形式が定まっており、その方式をとらない限り、いくら当事者に意思があっても法律的効力は認められないことになります。

	普通養子	特別養子
養子の年齢	養親より年下	6歳未満
養親の年齢	20歳以上	25歳以上
実親との関係	存続	消滅
成立	届け出	家庭裁判所の審判
協議離縁	可	25歳以上
養親からの離縁申立	可	25歳以上

生まれたばかりの子を、実親A夫婦が育てられず、子のないB夫婦がその子を特別養子にしたいときは、B夫婦から家庭裁判所に申し立て、B夫婦の特別養子とする旨《むね》の審判を受けることになります。

家庭裁判所が、A夫婦では子を健全に育てられないとか、子の利益のためにはB夫婦の養子にしたほうがよいと判断した場合は、B夫婦に子を六カ月以上監護させ（これを「試験養育制度」という）、その状況を見て、B夫婦の特別養子にする旨の許可審判を下します。

その結果、子とA夫婦およびその血族との親族関係は終了し、子はB夫婦を唯一の親とする親族関係が成立します。したがっ

メモ②

【親族相盗例】親族間で犯される窃盗罪については、国家は家庭に立ち入らないとの考えから、一般人の場合と異なり、処罰を控《ひか》えるとするものです。刑法は、直系血族、配偶者、同居の親族間の窃盗罪は刑を免除するとし、その他の親族の場合は、被害者からの告訴がない限り処罰しないと規定しています。窃盗罪のほか、詐欺《さぎ》罪、背任罪および横領罪でも、この親族相盗例が適用されます。

て、B夫婦が子にとって唯一の法律上の父母となり、A方の親族に対する相続権も扶養《ふよう》義務もなくなることになります。

さらに、民法以外の法律でも、親子関係の扱いがなくなり、たとえば刑法の「親族間の窃盗《せっとう》は罰しない」という条項[メモ②]（親族相盗例）も適用されず、他人の場合と同じ処罰を受けることになります。

また、特別養子では、縁組の継続により養子の利益が著しく害される場合、たとえば養親による虐待《ぎゃくたい》や悪意の遺棄《いき》があり、A夫婦が相当の監護ができるときに限り、家庭裁判所によって離縁が認められます。ただし、この場合も、離縁の申し立てができるのは養子、実父母（A夫婦）、検察官[メモ③]に限られており、養親の離縁申し立ては認められません。

特別養子の戸籍への記載はどうなる？

家庭裁判所による特別養子縁組の許可審判があったときは、戸籍上に特別養子縁組の許可審判があったことは記載されますが、父母欄には、実父母の氏名は記載されず、養父母の氏名のみが記載され、続柄欄は「長男」「長女」

メモ③

【民事事件と検察官】検察官は、司法試験に合格し、司法修習を修了した者の中から任命され、弁護士、裁判官と同格の法律資格を持っています。通常は刑事事件の捜査に当たり、起訴、公判手続きなどを行いますが、「公益の代表者」としての地位を有する者として、民事事件や行政事件に関与することもあります。たとえば、子どもが認知を求めようとする父親が死亡していた場合、検察官を被告にして認知請求を行うこともあるのです。

となり、実子の戸籍と変わりありません。特別養子縁組許可の審判があったとの記載は、戸籍を新しくすればなくなりますから、本籍を変更したり、戸籍自体の改製《かいせい》、あるいは婚姻等によって新しい戸籍をつくれば、外形上は特別養子であることが分からなくなります。

とはいえ、特別養子であることをいくら隠しても、本人がその気になって調査すれば必ず分かることですから、形式にこだわらず、真の親子関係をつくり上げる努力をすべきです。

普通養子縁組は裁判で離縁できる

縁あって養子縁組をしても、何らかの事情で離縁しなくてはならないこともあるでしょう。普通養子縁組の場合は、当事者の合意があれば離縁できます。これを「協議離縁」といいます。協議ができないときは、裁判で離縁することもできます。その規定としては、①他の一方からの悪意の遺棄　②他の一方の生死の三年以上不明　③その他、縁組を継続しがたい重大な事由《じゆう》の存在――の三つがあります。

また、普通養子縁組の場合、縁組当事者の一方が死亡したあと、生存当事者は家庭裁判所の許可を得て離縁することもできます。これは、お互いの法定血族関係を消滅させることを目的とするものです。

親神の計らいで親子になったことを伝える

　養子縁組の法律上の問題に関しては、教会の役割はあまり大きくありません。ただし、養子となった子が、小さいころから教会とつながっていれば、真の親子のあり方を教え、正しく導くことができるでしょう。

　将来、何らかのきっかけで自分が養子であることを知ったときの心理的な衝撃は、かなり大きなものがあると思われます。そんなときこそ、養親と養子を見守ってきた教会長が、それまでの養親の苦労はもとより、わが子同様にいかに大切に育ててくれたかなどを話してあげることが必要となります。

　そして、血縁の有無にかかわらず、親子となったことが親神様のお計らいによるものであり、そのことをしっかりと心に治めてくれるよう、教会からの日々の丹精がいっそう大切になってくるのです。

痴呆になった信者の財産を、教会長が代行管理してもいい？

相談

古くからの信者さんですが、ご主人は出直して子どももいません。いまは自宅に住んでいますが、最近、痴《ち》呆《ほう》がひどくなってきました。一人にしておけないので教会に引き取るつもりですが、介護保険などの手続きを、教会長である私が代行できるのでしょうか。いい方法があれば教えてください。（教会長）

「成年後見制度」の積極的活用を

精神障害もつ人の生活・財産を守る

社会生活は、すべて法律で成り立っています。そして個人は、自己の意思で行動し、その欲するまま、あらゆる利益を受け、権利も守られることになっています。「自分のことは自分でする。その結果は、すべて自分が責任を負《お》う」――これが、社会生活におけるルールなのです。

しかし、判断能力が不十分な人に対して、このルールを押しつけると、かえって不公平になることがあります。そこで法律は、まず未成年者には、原則として責任を負わせないこととしました。未成年者が法律行為をなしたときは、法定代理人（ふつうは親）の同意がない限り、取り消すことができるとされています（民法四条）。

そして、成年に達した者でも、精神上の障害により判断能力が不十分な人については、その保護のための制度をつくりました。これが「成年後見《こうけん》制度」です。

成年後見制度は、平成十二（二〇〇〇）年四月から実施に移された比較的新しい制度ですが、現在では非常に多くの利用例があります。

以前（旧法）は、禁治産《きんちさん》および準禁治産の制度により、これらの人を保護していました。しかし「禁治産者」《メモ①》「準禁治産者」という呼称が、本人の尊厳を傷つけるものであることや、本人の保護を重視するあまり、本人の意思や自己決定権を全く無視するものとなっている、という批判がありました。

障害のある人でも、重さの度合いによっては、家庭や地域で普通の生活が

メモ①

【禁治産者・準禁治産者】旧法では、本人が心神喪失の常況《じょうきょう》にあるときは禁治産者、心神耗弱《こうじゃく》か浪費者のときは準禁治産者とされ、前者には後見人、後者には保佐人がつきました。禁治産者の行為は、すべて後見人が取り消すことができました。準禁治産者は、民法上の重要な行為を行うときは保佐人の同意が必要で、同意なしに法律行為をしたときは、本人だけが取り消すことができ、保佐人は取り消すことができず、保護が不十分とされていました。

後見人になるには、周囲の評判や信頼が大切

できるはずという観点から、ある程度の処分権を認めながら、本人の生活や財産を守ろうとして立法された制度なのです。

「任意後見制度」と「法定後見制度」

新しい成年後見制度は「任意後見制度」と「法定後見制度」に大別されています。

任意後見制度は、本人の判断能力に問題のない時期に、本人の意思によって後見人となる者（任意後見人）と契約をすることで成り立ちます。

たとえば、自分には財産があり、いまはまだしっかりしているが、将来、物事の判断がつかなくなったときには、それまで付き合いのなかった相続人となる可能性のある人たち（たとえば甥《おい》や姪《めい》）に財産を自由にされるより、いつもお世話になっている人（たとえば教会の会長さん）に、病院の費用や介護費用などを管理してもらいたい——そう考える人は、物事の判断がつくうちに、信頼できる人との間に任意後見契約を結ぶほうがよいでしょう。その内容については、あとで詳しく説明します。

ところが、任意後見契約を結ばないまま痴呆等になってしまった場合、本人の保護のため、誰《だれ》かが財産を管理する人を選任するよう家庭裁判所に申し立てをしなければなりません。特に、介護保険制度を利用しなければならない場合は、よく考える必要があります。

介護保険は、要介護状態になった本人が、市区町村に対して自ら要介護認定の申請を行い、その認定を受けたうえで、サービス提供事業者との間で介護サービス契約を結び、各種の介護サービスを受けるという制度で、平成十二年四月一日から実施されています。

ところが、この介護サービスを受けるためには、先に説明したような、いくつかの法律行為が必要で、判断能力が不十分な人は、これを利用することができないということになります。

そこで、成年後見制度では、判断能力（「事理弁識《じりべんしき》能力」ともいう）の程度に応じて、軽いほうから「補助」「保佐」「後見」の各制度をつくり、本人およびそれ以外の特定の者からの申し立てによって、日用品の購入など日常生活に関する行為については、本人の（不十分な）判断能力でも契約締結を認めることとする一方、介護契約や施設入所契約等の重要な財産行為については、本人だけではできないことにしたのです。これを、法定後見制度といいます。

教会長・宗教法人も任意後見人になれる

将来、高齢になり、精神上の障害によって判断能力が不十分となったときのことを考え、自己の生活、療養・看護あるいは財産の管理を、信用できる第三者に依頼することを目的として結ぶ契約を任意後見契約といいます。任意後見契約は、締結する時点から公正かつ有効なものであることを明確にするため、公証人[メモ②]が作る公正証書で行わなければなりません。

任意後見人になるのに資格はいりません。本人の親族、知人、それに弁護士、税理士などの専門家はもちろん、教会長も任意後見人になれます。さらに、法人でもよいとされていますので、社会福祉法人や公益法人等も考えられ、宗教法人としての教会も任意後見人になることができます。

任意後見契約では、本人の意思で、任意後見人に対し、どの範囲の「代理権」（代理行為を正当視させる地位・資格）を与えるかを定めることができます。一般には、財産管理行為（預貯金の管理・払い戻し、不動産の処分、

メモ②

【公証人】公証人は、法務大臣に任命され、法律行為その他の権利に関する事実について公正証書を作成したり、私製の証書に認証を与えることを仕事とする国家公務員です。一般には、裁判官や検察官のOBがなります。弁護士もなれますが、現在のところ一人もいません。

公証人の執務する場所が公証人役場です。公証人の仕事としては、公正証書・遺言・確定日付の作成などがあります。

賃貸借《たいしゃく》契約の解除など)、療養看護行為(医療契約、介護契約、施設入所契約など)があります。

任意後見人は、元気なときの本人の意思で定めた人ですから、信用できるとはいえ、あくまでも一般人であり、本人の判断能力がなくなった状態では、適法に後見事務を行っているかどうか分からないところがありますので、家庭裁判所は「任意後見監督人」を必ず選任し、任意後見人の事務を監督させることとしました。

任意後見では、契約書を作成した公証人がその登記を行います。任意後見契約および、次に述べる法定後見については、日本中どこで締結されたとしても、登記は常に東京法務局だけになされます。戸籍への記載はなされません。

法定後見の種類と代理権について

従来の禁治産を「後見」、準禁治産を「保佐」としたうえで、軽度の精神上の障害により、判断能力が不十分な人を「補助」する制度が新設されました。

これらの対象者を、より具体的に説明しましょう。

①後見——判断能力(事理弁識能力)を常に欠いている者

日常の買い物ができない者、日常生活上の事柄(自分の名前、住所等)が分からない者、完全

任意後見、法定後見の概要[比較表]

（*）必要に応じて選任する

		任意後見	法定後見		
			補助	保佐	後見
対象者		契約締結能力がある段階で契約、事理弁識能力が不十分な状態で開始	事理弁識能力が不十分	事理弁識能力が著しく不十分	事理弁識能力を欠く
開始	申立権者	本人、配偶者4親等内の親族、任意後見受任者	本人、配偶者4親等内の親族、他の類型の援助者・監督人、任意後見受任者、任意後見人、任意後見監督人、市町村長		
	本人の同意	原則として要	要	不要	不要
同意権・取消権	同意権・取消権の範囲	取消権はない	「特定」の法律行為	重要な行為（民法12条1項）	日常生活に関する行為以外の行為（同意は問題にならない）
	取消権者		本人、補助人	本人、保佐人	本人、成年後見人
代理権の範囲		契約で付した範囲	「特定」の法律行為	「特定」の法律行為	すべての財産的法律行為
機関	援助者	任意後見人	補助人	保佐人	成年後見人
	監督人	任意後見監督人	補助監督人(*)	保佐監督人(*)	成年後見監督人(*)
援助者の一般的義務		本人の意思尊重義務、身上配慮義務			
登記申請者、内容（東京法務局）		公証人、代理権の範囲	裁判所、保佐人・補助人の同意権および代理権の範囲（民法12条1項は除く）		

な意識障害のある者などです。

②保佐――判断能力が著しく不十分な者

いわゆる「まだら呆《ほ》け」（特定のことは分かるが、ほかのことは全く分からない。日によって分かるときと分からないときがある）の症状の重い者などが、これに当たります。

③補助――判断能力が不十分な者

「まだら呆け」の軽度な人、あるいは一人でなんとか生活はできるが、本人のためには、できれば誰かに代わってやってもらったほうがよいと思われる者などが、これに当たります。

法定後見人には、いずれも代理権が認められることとなりました（旧法では後見人にのみ代理権があった）。代理人の行為の効果は本人に帰属しますから、代理権の使い方によっては本人に不利益が生じることもあるため、法定後見における後見人、保佐人、補助人のすべてに、家庭裁判所は必要に応じて監督人をつけることができる、ということになっています。監督人は、後見人等に不正、不当な行為があるときは裁判所に報告し、裁

コラム

【成年後見人等の費用・報酬《ほうしゅう》】成年後見人等は、本人の利益を守るために事務を行う者で、本人の財産の中から相当の報酬を受けることができます。事務処理費用も、本人の財産から支払われます。いずれも家庭裁判所がその都度、額を定めます。具体的な額が一律に定まっているわけではなく、本人の資力、事務の内容・程度、期間等を総合的に判断して定めますが、身寄りのない高齢者で不動産等を持たない場合には、1カ月10万円前後ということが多いようです。

判所は、それに基づいて成年後見人等を解任することができます。

判断能力のない人のために選任された以上、成年後見人等の責任は重いのです。これらの内容を先の比較表にまとめてありますので、本人のために、より良い制度を選択してください。

教会長が成年後見人になろうとする場合

成年後見等の申立《もうしたて》権者は、比較表の通りです。ここには、残念ながら教会長は入っていません。そこで、もし教会長が成年後見人になろうとするときは、四親等内の親族の誰かと連絡を取って「すべての手続きは教会が行うので、申立人としての署名捺印《なついん》をしてもらいたい」と依頼するのがよいでしょう。

もし、そのような親族がいないときは、市町村長や検察官宛《あ》てに申し立てを依頼し、成年後見人の候補者として、教会長である自分を推薦《すいせん》してもらうように働きかけるのです。市町村長なども、それまでの本人に対する親切の度合い、周囲の評判などを聞き、それを判断することになります。

このことからも、教会長の〝成程《なるほど》の人〟としての態度や、信者さんへの日々の丹精が、いかに大切かがお分かりになるでしょう。

第5章

交通事故の被害者と加害者

教会住み込み中で無収入の男性布教師。交通事故の損害賠償請求はできるのか？

相談

教会に住み込んでいる三十五歳の男性布教師が、先日、交通事故に遭《あ》いました。幸い、命に別条はないのですが、医者からは後遺症が残ると言われました。彼にはサラリーマンのように決まった収入はないのですが、損害賠償を請求できるのでしょうか。（教会長）

クルマ社会における身近で深刻なおたすけ

相手の立場に立ち、穏やかに問題解決を

私たちが生きていくうえで、大きな天災から小さな事故まで、いろいろな災難に見舞われることがあります。なかでも交通事故の場合、毎年一万人近い人が命を落とし、多くの人が後遺症に悩まされています。現代人にとっては、非常に身近で深刻な災難であり、お道の布教師にとっても、おたすけの機会は少なくないでしょう。

事故の当事者同士は、ややもすると感情的になることが多く、冷静な解決は難しいようです。しかし、たとえ被害者であっても、車を運転する以上は、いつ加害者になるか分からず、また加害者であっても、いつ被害者になるかもしれません。そう考えれば、お互い相手の立場に立って、穏《おだ》やかに問題を解決することが望ましいでしょう。

ここでは、被害者の法的な対応について述べたいと思います。

損害を金銭に換算して賠償する

損害賠償を請求できるのは、第一に被害者本人です。第二は配偶者であり、子も請求できます。第三に、被害者の父母も請求できます（民法七一一条）。そして第四に、判例上は、被害者に生活の面倒を見てもらっていた内縁《ないえん》の妻やその子、あるいは同じく生活の面倒を見てもらっていた妹など、被害者と一定の身分関係にある者も認められています。

ただし、第二ないし第四の者は、被害者が死亡、あるいは死亡と肩を並べるほどの重篤《じゅうとく》な傷害を受けた場合に限られ、通常では認められません。

夫や子が被害を受けたために、妻が会社を休んで看病に当たったようなときは、妻の休業損害

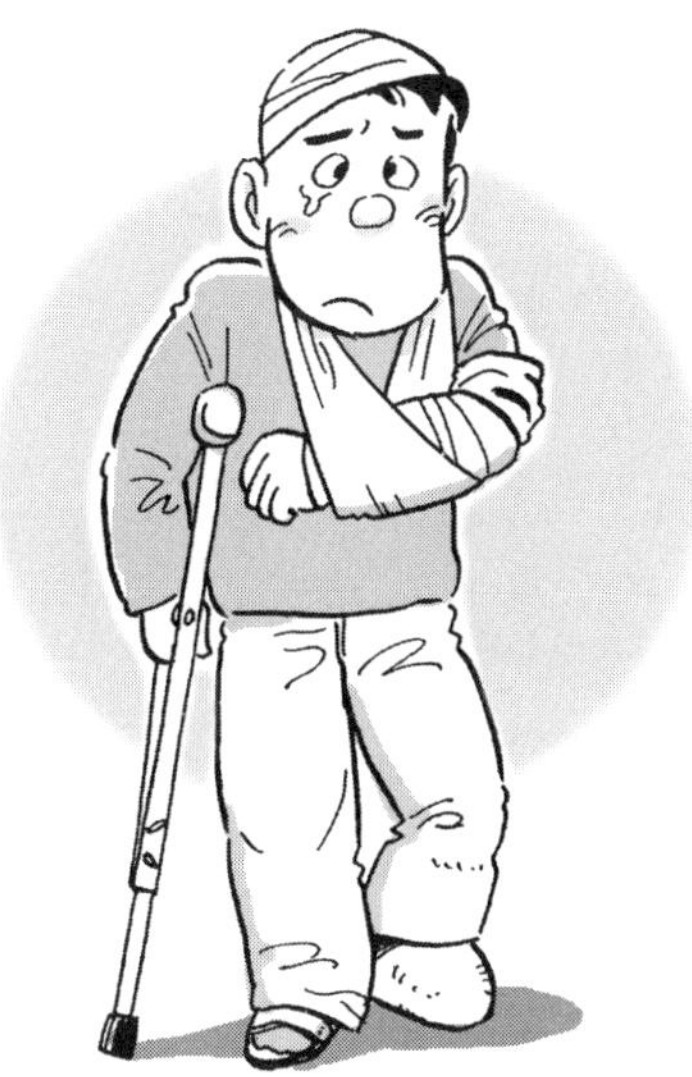

収入のない人の損害賠償は？

は妻自身の損害として請求できることになります。

なお、胎児の損害賠償請求については、すでに生まれたものと見なされます（民法七二一条）。

重傷を負《お》った被害者は、病院に入院して治療を受け、退院後もしばらくは仕事を休まなくてはなりません。その間、病院へ通うための交通費や、松葉杖《づえ》などの器具が必要になるかもしれません。

あるいは、永久に治らない傷害（これを「後遺障害」メモ①や「後遺症」という）が生じると、家屋を改造したり、障害者用自動車が必要になったりすることもあるでしょう。不幸にして死亡したときは、葬儀費用もかかります。

メモ①

【後遺障害】 事故でけがを負ったが、治療を受けても、それ以上は改善しない状態をいいます。治療効果があるうちは治療を継続し、その費用は賠償請求できますが、たとえば指１本を欠損したような場合、治療効果は望めないので、治療を打ち切ることになります。ただし、むち打ち損傷などでは、完全によくならなくても治療は必要という場合があります。このときは後遺症と認め、治療費は後遺症の慰謝料等で賄《まかな》うことになるのです。

また、けがをしても、後遺症が残っても、あるいは死亡しても、本人や家族の精神的な苦痛には大きなものがあります。これを補償するのが「慰謝料《いしゃりょう》」です。もとより「お金ではない。事故に遭う前の健康な身体《からだ》を返してくれ」とは、被害者に共通する悲痛な叫びではありますが、残念ながら、それは叶《かな》わぬ願いです。

現代の人間社会の法律は、それらのすべての損害を、金銭に換算して賠償することで成り立っています。これを「金銭賠償の原則」といいます。

損害賠償を定めるに際して、いろいろな損害項目を金銭に換算し、その合計を賠償額とします。ただし、個人的な感情としては、けがをさせられたことへの思い、特に加害者が不誠実な場合には、怒りの気持ちも強く、慰謝料をいくらもらっても納得できないということもあります。そこで、現在では、あとに述べるような「損害賠償額算定基準」といった、いわば〝相場表〟のようなものによって被害者間の公平を図っています。

現在、公表されているもので裁判基準となっているのは、東京の弁護士会による「損害賠償額算定基準」があります。このほか名古屋、大阪の弁護士会、それに日本弁護士連合会交通事故相談センターも基準を発表していますので、地域の実情に合った基準を使用すればよいでしょう。

これらの基準は、弁護士会に限らず、各地の交通事故相談センターにも常備してありますので、簡単に知ることができます。

「自賠責保険」と「任意保険」について

交通事故の場合は、ここに保険が入ってくるため、さらに話が複雑になります。自動車一台ごとに掛けられている自賠責保険は、法律によって強制的に加入が義務づけられているので「強制保険」ともいいます。けがに対しては最高百二十万円まで、死亡の場合は最高三千万円、後遺障害については、その程度に応じて七十五万円から三千万円、さらに常時の介護を要する重度障害の場合は最高四千万円まで支払われます。

自賠責保険は、法によって創設された保険で、被害者救済の見地から、被害者側によほど大きな過失（たとえば赤信号無視）がない限り、保険金の全額が支払われます。仮に、そのような過失があっても、最高額の半分を減額（メモ②）されるだけで、残りは支払ってもらえます。

ただし、被害者に一〇〇パーセントの過失（たとえば自殺に近い「直前飛び出し」）があるときは、もちろん支払ってもらえません。加害者に落ち度が

メモ②

【減額】加害者と被害者の公平を図るため、被害者にも落ち度（過失）があるときは、その分を損害額から差し引くことをいいます。一時停止違反とか、横断禁止場所を横断した場合なども20〜30%の過失相殺《そうさい》を行います。しかし自賠責保険では、被害者保護のため過失相殺は行わず、被害者に70%以上の過失があるときに、20〜50%の保険金額の「減額」が行われます（ただし、傷害は20%だけ）。

なければ、お金は支払われない仕組みになっているのです。

自賠責保険の限度額以上の損害があるときは、加害者は自腹を切らなければなりませんが、任意保険に入っていれば、そこから支払われます。いまでは対人賠償（傷害、後遺症、死亡）のほとんどが「無制限」となっており、賠償額が不足することはありません。

ただし、任意保険は現在、対人賠償で平均七一パーセントしか加入していません（平成十四年三月末）。町を走っている車の三台に一台が、任意保険に加入していないことになります。

いまや人身事故を起こせば数百万円、死亡事故では億単位の賠償金が必要になることも珍しくありません。そんな大金を持っている人は、ほとんどいないでしょう。車を運転する以上、事故を起こすことが決してないとはいえません。その意味でも、被害者に対する賠償を十分に行えるよう、車を運転する人、あるいは車の所有者は、必ず任意保険に入ってください。

被害者に保険金以外の支払いは必要？

最近でこそ少なくなりましたが、被害者の中には「加害者が保険で賠償するのでは、少しも自分の腹を痛めていないじゃないか。せめて保険金以外に、いくらか賠償金を支払え」と言う人がいます。

しかし、これはおかしな考え方です。まず、被害者へ保険金が支払われるよう、加害者は保険会社に保険料を支払っており、すでに自分の腹を痛めています。

また、保険は、被害者が請求できるすべての損害に対して支払われるものですから、加害者が支払うべき金額は、すべて保険金で賄《まかな》われます。言い換えれば、保険金で支払われない金額は、そもそも加害者として支払う必要のないものなのです。

とはいえ、葬儀の際の玉串料《たまぐしりょう》（香典）や、見舞いの際の金品など、社会儀礼上のものに限り、被害者は賠償額とは別に受け取ることができます。それ以外のものは、損害賠償の〝内払い〟として、最終的な示談《じだん》の際、賠償金から差し引かれることになります。

損害賠償額算定は専門家に相談を

事故が原因で支出された金額を「積極損害」といいます。また、事故によって入るべき収入が入ってこなかったものを「消極損害」といいます。これに、精神的苦痛に対する「慰謝料」を加えて、損害が算定されます。人身損害に対する主な損害費目は、次の通りです。

一、積極損害

①治療関係費　②付添《つきそい》看護費、介護費　③入院雑費　④通院交通費　⑤子どもの保育費、学

習費　⑥器具・装具購入費　⑦家屋・自動車改造費　⑧葬儀関係費　⑨弁護士費用

二、消極損害

①休業損害　②後遺症・死亡の逸失《いっしつ》利益

三、慰謝料

①傷害　②後遺症　③死亡

このほか、被害者の車や自転車、家に飛び込まれて壊れた場合の修理代など、物的損害に対する損害賠償を加えた合計が、事故による損害賠償請求額となります。

それぞれの費目については、「損害賠償額算定基準」で詳細に定めてありますので、被害者は、公共団体の交通事故相談所、あるいは全国の弁護士会に設置されている日弁連交通事故相談センター（258ページの一覧参照）へ、必要な資料を持って相談に行ってください。相談は無料で、専門の弁護士が親切に対応してくれます。

布教師も損害賠償請求ができる？

消極損害は、事故前の収入を基礎に算定されるのが一般的です。

それでは、専業主婦や布教師など定期収入がない人が事故に遭っても、損害を請求できるので

逸失利益	5,980,600×17.423=1億419万9,994円 （男子労働者平均賃金）×（67歳まで32年間のライプニッツ係数） メモ③
慰謝料	2,800万円
介護費	1日4,500円で平均余命44年で2,700万円
合計	1億5,919万9,994円

しょうか。

消極損害のうち、休業損害については、学生や無職者は認められません。事故で休んでも、もともと収入がなかったわけですから、補償が受けられないのは当然です。

しかし、にをいがけ・おたすけという尊い仕事をしている布教師、あるいは家族の幸福のため家事に専従している主婦などについては、同年代の労働者の平均賃金相当額を休業損害として支払ってもらうことができます。

ただし、ひと口に「布教師」と言っても、普段は教会でゴロゴロしていて、気が向けば布教に出るような人は〝無職者〟と見なされ、休業損害は認められないことになります。社会的にも「布教師」と認められるだけのつとめ方が求められるの

メモ③

【ライプニッツ係数】逸失利益は、就労可能年齢までの毎年の収入総額をいい、損害賠償では、これを現時点で一括して支払ってもらうことになります。一定期間にわたり得るべきものをまとめてもらうので、将来までの利息分を差し引かないと、もらい過ぎになってしまいます。そこで、将来までの年間合計金額にライプニッツ係数を掛け、金額を算出します。つまり、現時点でもらった賠償額を年利5％の貯金にし、現在と同じ年収額を毎年下ろしてゆくと、67歳でちょうど0になる計算法です。こうした係数にはホフマン式もありますが、現在はライプニッツ式に統一されています。

です。

後遺症や死亡による「逸失利益」は、現在は無職でも、将来は仕事に就《っ》く可能性がある限り、損害賠償は認められます。たとえば子どもの場合、十八歳（高校卒）あるいは二十二歳（大学卒）から六十七歳までは働けるものとして、逸失利益が認められます。

なお、参考までに、高卒男性布教師（35歳・妻子あり）が、下半身まひ（一級）などの重い障害を負った場合の、損害賠償額の計算方法を示しておきます（前ページの表）。

信者子弟が車で死亡事故を起こした。遺族との話し合いなど、どうすればいい？

相談

信者さんの子弟（23歳）が、車のスピードの出し過ぎで事故を起こし、不幸にも被害者は亡くなられました。本人は逮捕されていないそうですが、被害者の遺族との話し合いなど、今後どのようにしたらよいでしょうか。（教会長）

遺族に誠意尽くし心からお詫びを

交通事故は年間百万件も発生している

毎年、一万人近くの人が交通事故で亡くなっています。物損事故まで含めると、百万件もの交通事故が発生しているといいます。

交通事故の大きな特徴は、誰《だれ》もが被害者になる可能性があると同時に、車を運転する人なら、誰もが加害者になる可能性があるということです。特に、公共の交通機関があまり発達していない地方都市などでは、車なしでは生活できない所も多く、無謀《むぼう》な運転をしない人でも、いつ事故に巻き込まれるか分かりません。いつ、どこで起きるか予測できないのが交通事故なのです。

ですから、たとえ自分が被害者の立場であっても、「（加害者になるのは）あすはわが身」という気持ちで相手に接することが大切です。もし加害者となった場合には、被害者に誠意を尽くすのは当然のことです。

それでは、加害者として、どのように事に当たればよいのでしょうか。

事故直後の加害者の対応が何より大切

事故を起こした直後は、加害者は警察との対応に追われ、なかなか被害者に対する謝罪の行動をとりにくいのが現実です。

特に、死亡事故などでは、逮捕されないまでも取り調べに数日を費《つい》やされることもあるので、その間に被害者の葬儀などが行われても、加害者本人が出席できないこともあります。

メモ①逮捕あるいは勾留《こうりゅう》されると、加害者本人はも

メモ①

【逮捕、勾留】交通事故を起こした場合に、被害が重大であったり、罪状が悪質（酒酔い、無免許運転など）、あるいは被疑者（運転手）が逃亡もしくは自殺のおそれがある場合、現行犯として逮捕されることがあります。逮捕されると、最高72時間拘束《こうそく》され、その後、必要により10日間（延長は10日間）の勾留がなされます。勾留期間満了までに、起訴か否《いな》かが決定されるのです。

誠の心

加害者は常にお詫びの心を忘れず、誠の心で

ちろん出席できません。

　このようなとき、加害者の親族（できれば両親、配偶者）は、必ず出席するようにしてください。加害者本人が出席できるのなら、不幸にも亡くなられた被害者の霊《みたま》様の前で、直接お詫《わ》びすべきことは言うまでもありません。たとえ被害者の遺族、親類、縁者などから、きつい言葉を浴びせられても、そこは心からお詫びしなければなりません。

　被害者が入院している場合も、いち早くお見舞いに駆けつけるのは当然のことです。

　人間は、やはり感情の生き物です。たとえ被害者に大きな落ち度があったとしても、節目《ふしめ》節目には心からのお詫びの気持ちを示すことで、被害感情も和《やわ》らいでゆくものだと思います。のちに述べますが、保険会社が示談《じだん》のために幾度、被害者を訪ねても、「当の本人が一回も見舞いに来ない」とか「たった一回しか来ない」という理由で、その後の話し合いがうまくいかないケースが多く見られます。

よく「下手《へた》に謝《あやま》ると自分の非を認めたことになり、責任を負《お》わされる」という話を聞きますが、決してそんなことはありません。責任は責任として確実に判断されますし、むしろ責任があるのに、きちんと謝罪しないことのほうが、慰謝料《いしゃりょう》などを増額される理由となることが多いのです。

加害者に課せられる三つの責任

交通事故を起こすと、次の三つの責任を課せられます。

その第一が刑事責任で、「業務上過失致死傷罪《メモ②》」という罪に問われます。この罪は、五年以下の懲役《ちょうえき》、もしくは禁錮《きんこ》、または五十万円以下の罰金と定められています。普通の過失致死罪なら、五十万円以下の罰金だけで懲役刑はありませんから、業務上過失致死傷罪がいかに重いかが分かります。

最近、飲酒による泥酔《でいすい》状態で運転したり、時速百数十キロといった暴走行為や、赤信号無視、あるいは悪質な割り込み、幅寄せ、あおり行為など、ほ

メモ②

【業務上過失致死傷罪】 この場合の「業務」とは、仕事の意味ではなく、「他人の生命・身体に危害を加えるおそれのあるものであること」をいいます（刑法211条）。たとえば、レジャーで自動車を運転していても「業務」とされます。業務は公私を問わず、収入や利害の有無とも無関係で、危険を防止する職業、たとえば医師や保育士なども、ここでいう「業務者」とされるのです。業務者は危険発生防止のため、高い注意義務が課せられています。

かの車の走行を妨害《ぼうがい》する行為によって死傷事故を起こすような不心得者が増えてきました。このような悪質な運転者には、業務上過失致死傷罪より、もっと刑の重い「危険運転致死傷罪」が平成十三（二〇〇一）年十二月から適用されることになりました。危険運転致死傷罪は、人を負傷させたときで十年以下の懲役、死亡させたときは一年以上、最高二十年の有期懲役という、きわめて重いものです。

なお、これらの刑法の罪とは別に、速度違反、飲酒運転、信号無視などには、道路交通法違反の罪による刑も併せて科《か》せられることになります。

第二の責任は、行政罰と呼ばれるものです。

免許の停止、取消《とりけし》処分などが、これに当たります。運転を仕事としている人にとっては、これらは致命的なペナルティーとなります。事故や違反の内容により数年間、免許の再取得ができなくなることがあります。

第三が民事責任、すなわち損害賠償責任です。

これより先に、被害者となった場合には、どのような損害を請求できるかを説明しましたが、加害者としては、これらの損害の合計を賠償する責任があるのです。

ただ、民事責任の場合、被害者に落ち度があるときは、損害の公平な分担という考え方から、損害額から被害者の落ち度に見合った分を減額することがあります。これが「過失相殺《そうさい》」といわれるものです。

保険会社は〝謝罪の代行〟をしてくれない

加害者として一番悩むのが、賠償金の支払いです。このことについて、事故発生後から時間を追って順に説明しましょう。

まず、事故を起こして日をおかずに、お見舞い金を支払うのが普通です。死亡事故であれば、香典（玉串料《たまぐしりょう》）を供えることになります。これらは、社会儀礼の範囲内であれば、賠償金の支払いとは見なされません。

ただし、香典の常識的範囲を超えるような額を包んで持っていったり、「当座の出費に使ってください」と、まとまった金額を前もって支払ったときは、損害賠償の〝内金払い〟として、最終的な示談《じだん》のときに差し引かれるのが一般的です。念のため、領収証をもらっておくとよいでしょう。

事故後しばらく経《た》ってから、被害者から「生活費が足りないので支払ってほしい」といった要求があった場合、これに対して支払うのも内金払いとなります。

この時期になると、被害者側からの要求額が大きくなることもあり、加害者としても持ち金から支払うのは、かなりの負担となってきます。自動車保険に入っていれば、保険会社に支払いを任せることができます。保険会社は、被害者の過失を踏まえながら、払い過ぎにならないよう調節して支払ってくれます。

ここで大切なことは、保険会社は「示談の代行」こそしてくれますが、「謝罪の代行」はしてくれないということです。賠償金の支払いは保険会社に任せることができても、加害者は常にお詫びの心を忘れず、誠実に対応しなければなりません。

そして、最終示談の時期については、死亡事故の場合、四十九日《しじゅうくにち》（あるいは五十日祭）が済んでからにすべきでしょう。被害者が、特に示談交渉を求めてこない限り、その間は被害者の霊様《みたま》にお詫びし、償《つぐな》いをお誓いすることを中心に考えるべきです。

傷害の場合、完全に治るか、これ以上治療しても症状が改善しない状態（症状固定）となって、後遺症がはっきりした時点が示談のタイミングです。被害者側の要求額を示してもらい、弁護士や交通事故相談所など[メモ③]の意見を聞き、適正な額であれば、示談をすることになります。この段階でも、自動車保険に入っていれば、保険会社がすべてやってくれます。むしろ、保険会社に無断で示談を行ってしまうと、保険金を支払ってくれないことがあるので注意してください。

加害者は神様の前で心からのお詫びを

交通事故の加害者のおたすけには、さまざまな難しい面があります。加害者から相談を受けても、前に述べた刑事上の責任や行政上の責任については、法律上の専門知識が必要で、素人《しろうと》判断は避けなければいけません。民事の損害賠償責任となると、さらに複雑ですから、相談所や弁護士を紹介する程度にとどめておくべきです。

教会としては、もっぱら信者である加害者本人が、心からのお詫びを神様の前でするように促すべきだと思います。

私が経験した例ですが、死亡事故の加害者が、ある宗派に属する信者でした。その人が属する寺院では朝晩、亡くなった方のために特別にお祈りを行い、被害者もその誠実な対応に納得し、裁判所もそれを評価して、寛大な刑の言い渡しになったことがあります。

反対に、加害者の弁解をそのまま鵜呑《うの》みにして、被害者と対応したある宗教者は、被害者から怒りの矛先《ほこさき》を向けられ、その宗派全体に対して猛烈な批判を受けるきっかけをつくってしまいました。

メモ③

【交通事故相談所】 よく知られているのが、日弁連交通事故相談センターです。全国の弁護士会に設置されており、専門の弁護士が無料で相談や示談の斡旋《あっせん》をしてくれます（巻末の資料参照）。ほかにも、都道府県や市区町村などでも無料相談をしているところが多くあります。最近では少なくなりましたが、民間で事故の相談を受けると言っては、賠償金をネコババするような“示談屋”もいますので、弁護士以外に相談することは、なるべく避けたほうがよいでしょう。

教会としては、信者さんとその家族の身に起こってくることをすべて〝わが事〟と受けとめ、相手に対し、誠の心をもって接することを、くれぐれも忘れてはなりません。

第6章

土地・建物にまつわる権利

自宅の建つ借地を地主が売却した。新地主の地代値上げに応じるべきか？

相談

教会近くに住む信者さんは、土地を借りて、そこに自分名義の家を建てて暮らしています。ところが、地主は、その土地を売ってしまい、新しい地主が地代の値上げを申し入れてきました。「嫌《いや》なら出ていってほしい」と言われ、困っています。どうしたらよいでしょうか。

（教会長）

地主と借地人の間に良好な信頼関係を築こう

建物所有目的なら「借地権」が発生

従来、借地に関しては「借地法」、借家に関しては「借家法」があり、また、借地上の登記された建物については「建物保護法」がありましたが、平成四（一九九二）年にこれらが一本化され、「借地借家法」となりました。相談を受けることも多いでしょうから、これから三回に分けて、借地と借家について説明していきます。

建物を建てて所有する目的で土地を借りると「借地権」が発生します。建物を建てる目的がない借地、たとえば駐車場や資材置き場にするための借地は、借地借家法の対象とはならず、借地権も発生しません。建物所有目的であれば、契約の名目《めいもく》が賃借契約でも、地上権《ちじょう》（工作物や竹木《ちくぼく》を所有するために他人の土地を使用する物権）設定契約でも借地権が生じます。ただし、借地権が生じるには賃料の支払いが不可欠で、無償の使用貸借（メモ①）には借地権が生じないので注意してください。

借地権は所有権より大きな価値を持つ

借地権は、単に土地を借りる権利だけにとどまらず、大きな財産権となります。すなわち、普通の土地の売買のように借地権を譲渡《じょうと》することもでき、借地上の建物の建て替えも可能です。そして何より、借地人が死亡したときは、借地権は遺産として相続されます。

皆さんは、借地権がどれくらい大きな財産であるか、ご存じでしょうか。

メモ①

【使用貸借】無償で物を貸すことをいいます。貸し主が賃料を取ると「賃貸借」となります。期間を定めて使用貸借すれば、借り主は期間内の使用はできますが、期間を定めないときは、貸し主はいつでも返還請求できます。借り主は、契約の目的あるいは目的物の性質によって定まった用法に従ってのみ無償で使用できますが、それに反すると返還しなければなりません。また、貸し主が死亡しても契約は存続しますが、借り主が死亡すると契約は終了ということになります。

都市部では一般的に、借地権割合は六～七割とされています。地方都市や農村部では四～五割が普通です。東京などの大都会の、さらに繁華街では、借地権が九割というところもあります。

たとえば、借地権割合が七割のところは、土地（更《さら》地《ち》）の時価が二千万円の場合、そこの借地人は千四百万円が自分のもので、地主は残り三割の権利しか持っていないことになります。

したがって、借地人がその土地の所有権を買うときは、三割分を地主に支払えばそれでよく、逆に地主が借地権を買う場合には、七割分を借地人に支払わなければ土地を返してもらえません。借地権割合がどれくらいなのかは、市区町村の役所に備えつけてある路線価表を見れば分かります。

このように、借地権は所有権よりも大きな価値を持

地代値上げに応じなければならないか？

つことが一般的なのです。

地代値上げに応じる必要はない

このように強力な借地権を持つためには、何よりも建物所有目的の賃貸借（借地）契約を結ぶことが第一です。しかし、たとえ契約書がなくても、借地上に家を建て、その家を借地人の名義で登記すれば、強力な権利となります。

たとえば地主が変わっても、借地権はなんら影響を受けません。したがって、お尋ねのように、新地主になっても、旧地主との契約がそのまま引き継がれるだけですから、いままでの賃料（地代）を、これまで通りに支払えばよいのです。賃料値上げの申し入れがあっても、納得できなければ応じる必要はありません。

ただ、気をつけなければいけないのは、借地権は賃料を払ってこその権利ですから、何があっても賃料だけは払い続けなければなりません。何らかの意見の食い違いがあり、地主が賃料を受け取らないときは、必ず供託メモ②

メモ②

【供託《きょうたく》】借地人には、地代の支払い義務は欠かせませんが、地主が受け取らないと地代不払いとなってしまいます。そこで、供託をして自分の義務だけ果たし、債務不履行《ふりこう》となるのを防ぐのです。供託は、債務の履行地の法務局に行います。地代相当額を法務局へ持参し、供託すると、地主に供託通知が送られてきます。地主が地代を受け取らない場合は、履行日までに必ず供託しないと、地代未払いで契約解除されることがありますので、注意してください。

をしなければなりません。供託金額は、あとで述べるように、借地人が適正と思う金額でよいのです。

なお、借地契約の際に、借地人が権利金を支払っていないとか、地主との特別の関係から、借地人が、ほかより安い賃料で借りているとしても、借地権の強さには何ら影響はありません。

適正賃料は土地によって違う

地主が地代の値上げを言ってきても、そのまま受け入れなければならないわけではありません。一般に都市部では、地主がその土地につき支払っている税金（主に固定資産税と都市計画税）の二〜二・五倍が適正賃料とされることが多いようです。郊外や農村部では税金が低いため、税金の三〜五倍ということもあります。

この程度の値上げ要求なら受け入れてもよいでしょうが、相場が分からないときや、高いと思うときは、裁判所に適正な賃料額を決めてもらうことになります。賃料額を決めてもらう裁判が確定するまでの間は、賃借人として自分が適正と思う金額をとりあえず払っておけばよく、もし将来、裁判で定められた賃料のほうが高く、不足が生じたときは、その不足額に年一割の利息をつけて支払えばよいのです。

もちろん、適正と思った額より裁判所の決定額が低いときは、支払い過ぎた金額に年一割の利息をつけて、地主から返してもらえるのです（借地借家法一一条）。

借地人に更新料の支払い義務はない

借地借家法では、借地権の存続期間を三十年とし、それより長い期間を定めたものも有効としています。また、かつての借地法時代に結ばれた借地契約で二十年とされたものも、そのまま有効です。

更新期間は十年間（借地権設定の最初の更新だけは二十年間）とされています。更新は、建物がある限り、従前の契約と同一条件で更新され、借地人の保護が図られています。この条文による更新は「法定更新」とも呼ばれていますが、その場合、つまり地主と新たな更新契約を結ばないときは、更新後に建物が地震、火災あるいは朽廃《きゅうはい》などで滅失すると、借地契約が解除されることがあります。

これを避けるために、念のため借地契約の期限が満了した時点で、地主と更新契約を結ぶのがよいでしょう。これを「合意による更新」といいます。ただし、この場合は、更新料の支払いを求められます。更新料は借地権価格の五パーセント程度が一般的です。

たとえば、借地権価格を七割とする場合の更新料は、七割の五パーセント、すなわち時価の三・五パーセント程度、先ほど例に挙げた時価二千万円の土地では、その更新料は七十万円程度ということになります。

なお、これまでの裁判例では、一貫して「借地人に更新料の支払い義務はない」とされており、更新料を支払わないからといって期間満了で明け渡しを求められることはありません。ただし、法定更新の場合、更新後に建物が滅失すると、借地権そのものがなくなってしまう可能性がありますので、それとの兼ね合いで考えればよいでしょう。場合によっては、多少の金額の上積みをしたうえで、地主との合意で更新料を分割払いする、という方法をとることもできます。

借地人が死亡しても借地権は相続される

借地契約が個人の場合、当事者が死亡することがあります。地主（貸主）が死亡して、その相続人が新たな地主になっても、地主と借地人の関係は、これまで述べてきた関係と全く同じで、借地人には何の影響も及びません。

では、借地人（借主）が死亡したときはどうでしょうか。結論は同じです。ただ、相続人が複数いるとき、誰《だれ》が借地契約を引き継ぐのかを地主に通知するだけでよいのです。

このような場合、「借地契約書の借主の欄の書き換え（名義変更）をしなくていいのか？」という質問をよく受けます。契約書の借主名義の書き換えを、名義変更と思っている人が多いようですが、相続とは、被相続人（死亡した人）の権利義務をそのまま相続人が承継することですから、契約書の記載とは無関係に、おのずと相続人が借地権を引き継いだことになっており、契約書の書き換えなどはすべて不要です。

したがって、念のため借地人名を書き直したとしても、これは本来の意味の名義変更ではありませんから、名義変更料などを支払う必要はありません。これは、前に述べた期間満了による更新料とは意味が異なり、支払い義務のないものですから、注意してください。

所有名義は貸主、実質の所有者は借主の場合

借地でありながら、賃料（地代）を支払わずに何十年も使用しているという例があります。借りているほうとしては、他人のものだが返す気もないし、いまさら「返せ」と言われるはずもない、と考えていることが少なくないようです。このケースを突き詰めると、「所有者に返還する意思は全くなく、永久に自分の、あるいは自分の子孫のものとして使う」ということになります。少し法律的に表現すれば、所有名義は他人だが、実質の所有者は自分だと考えているケースです。

法律は「二十年間所有の意思を以《もっ》て平穏かつ公然に他人の物を占有したる者はその所有権を取得す」（民法一六二条）と規定し、他人のもの（不動産）でも、自分のものにしようとして二十年間占有すれば、時効によって取得できることを規定しています。最初から自分のものと考えていた場合、善意[メモ③]・無過失なら十年で時効となり、取得できます。これらを「取得時効」といいます。

先ほど、借地権を主張するためには地代の支払いが不可欠と述べましたが、十年あるいは二十年も支払っていないときは、時効による取得の可能性もありますので、必ず弁護士に相談してください。取得時効については、途中で地代を支払ったり、自己所有目的がなく、あくまで「無償で借りている」という場合は認められません。

信頼関係があれば、もめごとを未然に防げる

こうした借地関係について、教会が教えのうえから、何らかの働きをすることは難しいでしょう。

メモ③

【善意・悪意】法律では「善意」「悪意」という語が、しばしば使われます。しかし、これには一般的な善悪の意味はありません。知っていることを「悪意」といい、知らないことを「善意」というのです。他人の所有と知って占有を続けていれば悪意であり、これは自分のものと信じて占有を続けていれば善意となります。取得時効では、悪意占有は20年、善意で過失がなければ10年の占有で所有権が認められます。

以前、こんな例を聞いたことがあります。借地の返還要求のことで、信者さんから相談を受けたある会長さんが、借地権が大きな財産であることを知らず、「他人（地主）からの借り物は早くお返しする」という解釈で、借地を無償で返還するよう勧めたという話です。借地については重要な法律上の問題も数多くありますから、教会長といえども、借地に関する理解を深めることが必要です。

ただし、地主と借地人の間に、信頼関係が結ばれていることが望ましいのは言うまでもありません。良好な関係を築くため、会長さんが両者の間に入ることは可能です。信頼関係があれば、さまざまな対応の際に、もめごとを未然に防ぐことができるからです。

教会の新築を地主が認めない。借地権は譲渡できるのか？

相談

私どもの教会の建物は、初代会長が地主から借地をして建てたものです。築数十年も経《た》っており、また手狭《てぜま》になってきたので新築しようとしましたが、地主が認めてくれません。借地権は大きな財産だと聞いていたので、新築できないのなら借地権を譲渡《じょうと》したいのですが、そのようなことができるのでしょうか。（教会長）

借地権の知識踏まえ合理的な対処を

借地人には守るべき義務がある

借地契約は、地主と借地人の間で結ばれるもので、お互いの信頼が基礎になっています。その信頼を損なうような行為があれば、契約が解除されることがあります。

借地契約では、地主は土地を貸す義務しかありませんが、借地人には、賃料をきちんと払う義務、目的に従った使用をなす義務などがあります。特に、借地を無断で他人に貸したり（「無断転貸」という）、借地上の建物を無断で増改築したり、あるいは借地権を無断で第三者に譲渡したりすると、ほとんど無条件で契約が解除されることになります。これらは、地主との信頼関係を破壊するものと考えられるからです。

そこで、借地人がこのようなことをするときは、前もって地主の許し（承諾）を得ることが必要です。地主が無条件で認めてくれることもあるでしょうし、時には金銭（「承諾料」という）と引き換えに承諾することもあるでしょう。

このように、地主の承諾には、借地人からの借地の際の条件変更を許す、という意味があります。

しかし、すべての地主が理解のある人とは限りません。「どんなことがあっても改築は認めない」とか、法外な承諾料を請求する地主もいます。そのようなときには、裁判所が地主の承諾に代わって許可をする手続きがあります。これを「借地非訟《ひしょう》事件手続《てつづき》」メモ①といいます。

メモ①

【(借地)非訟事件手続】訴訟《そしょう》は、原告の請求に対し、証拠調べなどを経て白か黒かを判断する手続きのことで、原告の請求に拘束《こうそく》されます。たとえば賃料支払い請求訴訟の場合、賃料支払いの有無を調べ、不払いなら支払いを命じられることになるのです。これに対し、借地条件変更などの申し立ての場合は、裁判所が主体的に十分な調査をして許可の有無、承諾料額などを定めます。このように、当事者の請求に拘束されず、裁判所が弾力的に新たな権利関係をつくる手続きが「非訟手続」なのです。

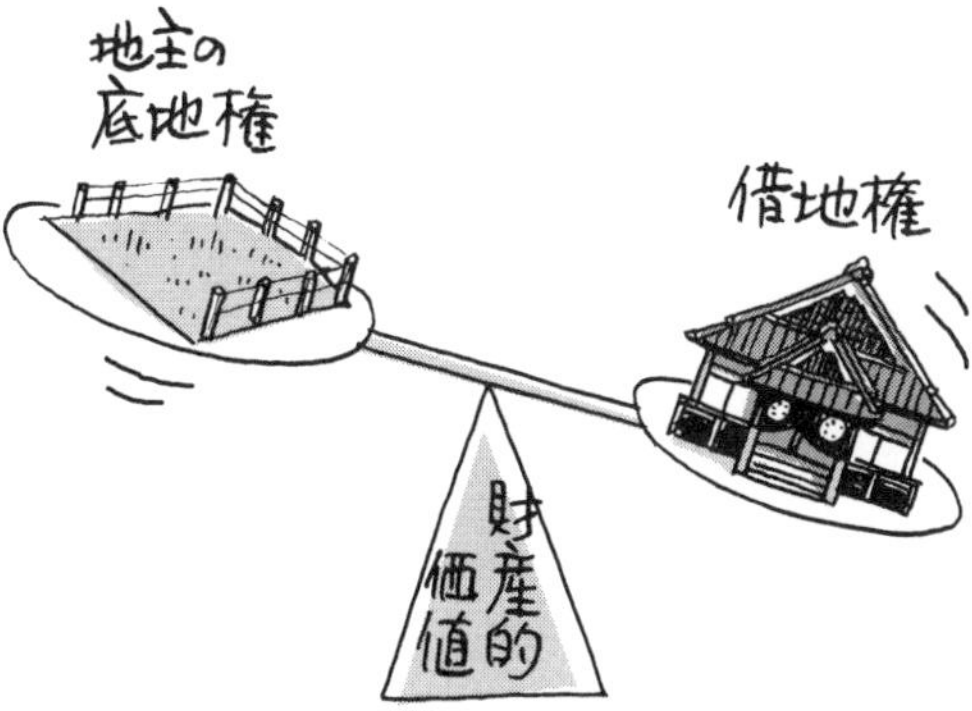

借地権は、地主の底地権よりも
財産的価値が大きい

増改築を地主に拒絶されたとき

借地上の建物は、いつか建て替え（改築）をしなければなりません。あるいは、個人の家なら家族構成の変化に伴い、また教会や布教所では信者さんが増えるに従って、増築の必要性も出てきます。こんなとき、ご質問のような無理解な地主は、増改築自体を拒絶したり、法外な承諾料を要求してくることがあります。

このような場合、ことさらに地主に承諾を求めなくても、借地が存在する最寄《もよ》りの地方裁判所に対し、地主の承諾に代わる許可を求めることができます。裁判所が許可すれば、地主の実際の承諾がなくても増改築はできるのです。

その際、裁判所は「諸般の事情」を考慮して、増改築を許可します。諸般の事情とは、借地権の残存期間、土地の利用状況、借地に関するこれまでの経過などです（借地借家法一七条)。

たとえば、近隣がほとんど二階建てになっているような地域では、借地の利用状況としては、現在の木造平屋建てから二階建てへの建て替えが相当と判断され、妥当な承諾料の額も定めてくれます。

具体的には、「借地人が地主に対し、承諾料として金○○円を支払うのと引き換えに改築（増築）を許可する」という決定です。

承諾料の額としては、更地価格《さらち》（時価）の五パーセント程度が基準となります。ただ、この額は、借地権の残存期間がまだ十分にあり、前回の更新時期に更新料を支払っているようなときは減額され、反対に、借地権の残存期間がほとんどないときは多少増額されることもあります。たいていの場合、五〜六パーセントくらいの間で決められるようです。

地主の承諾があったり、あるいは地主の承諾に代わる裁判所の許可を受ければ、借地権の期間は、承諾（許可）があった日、または建物が建てられた日の、いずれかの早い日から二十年間とされます。

なお、この場合、木造などの建物（「非堅固建物」という）であれば、あくまで木造などによる増改築であり、これをコンクリート造《ぞう》（「堅固建物」という）に変えることはできません。

近隣の建物がビルになっている地域では

近隣の建物のほとんどがビルになっているような地域では、借地上の木造家屋をコンクリート造に建て替えることが可能です。

この場合も、地主の承諾は必要ですが、得られないときは、地主の承諾に代わる裁判所の許可を受ければよいことになっています。このケースにも借地借家法一七条が適用され、近隣の土地利用状況がほとんどビル化しているような場合は、非堅固建物から堅固建物への建て替えが認められます。

堅固建物に建て替えた場合、それまで住居として使用していたものを、たとえば一階部分は店舗や事務所に、二階部分より上は賃貸のアパートやマンションにするといったことも可能です。借地上の建物の使用目的には、原則として制限がないからです。この方法で建築費を捻出《ねんしゅつ》することもできます。

一方、地主の立場からすると、堅固建物になれば耐用年数が長くなります。また、木造家屋なら朽廃《きゅうはい》による借地権の消滅が期待できますが、それが望めなくなったり、あとに述べる建物買い取りの際の価格が著しく高額になるなどの不利益が生じます。

メモ②

【堅固建物】旧借地法では、建物を「堅固」と「非堅固」に分け、堅固建物を「石造、土造、れんが造又《また》はこれに類するもの」と規定していましたが、借地借家法では、この区別をなくしています。それに伴い、借地権の存続期間は一律に30年となりました。ただし、借地借家法でも、本文中に記したような違いがあるので、「建物の種類、構造、規模」を借地条件として、差をつけています。

そこで裁判所は、こうした場合に借地人が支払う承諾料として、更地価格の一〇パーセント程度を一般的な基準としています。ただし、非堅固建物の建て替えの例で説明したように、この場合も、借地権の残存期間や従前の借地関係の経過などの一切の事情を考慮して判断するので、一〇パーセントの数値に対しても多少の修正を加えることがあります。

借地権は第三者に譲渡できる

これまで述べてきたように、借地上の建物の増改築は、それほど困難ではありません。しかし、地主との関係が悪化したり、ほかにもっと良い土地が見つかった場合には、借地から移転することもあるでしょう。そのようなとき、借地権を第三者に譲渡することができます。

先に説明したように、一般的に借地権は、地主の有する権利（底地《そこち》権）より価値が大きいので、不要になった借地権を譲渡して、新たな土地や建物の取得に役立てることができます。

ただし、この場合も地主の承諾が必要です。承諾なしに譲渡すると「無断譲渡」ということになり、契約は解除され、無償で地主に借地権を返還しなくてはならなくなります。

もし地主の承諾が得られないときは、建て替えと同様に、地主の承諾に代わる裁判所の許可を求めることができます。

裁判所は、第三者への譲渡が、地主に特に不利益にならない限り、譲渡の許可を与えます。この場合、裁判所は当事者間の利益の公平をはかるため、借地人から地主への承諾料の支払いを命じるのが普通です。承諾料は、借地権価格の一〇パーセント程度が基準となります。建て替えの場合と異なり、借地権価格が基準となっていることに注意してください。

こうした場合も、裁判所は、借地権の残存期間、借地に関する従前の経過、借地権の譲渡を必要とする事情などの一切を考慮して承諾料を決定します。したがって、承諾料は借地権価格の一〇パーセントがほとんどですが、なかには五パーセント程度になることもあります。

これまで説明したように、承諾料の基準は明確ですが、実際の金額を決めるに当たっては、裁判所が鑑定《メモ③》を行って決定するのが一般的です。

建物を地主に買い取ってもらうことも可

借地権の存続期間が満了し、契約の更新をしないとき、あるいは借地権を第三者に譲渡したいのに地主がそれを承諾せず、借地契約を終了するときは、

メモ③

【鑑定】 裁判所が任命した鑑定委員によって構成される鑑定委員会により、許可の有無、承諾料の具体的な金額などが検討されます。実質的には、鑑定委員会の意見がそのまま裁判所の決定になるのです。鑑定委員会は一般的に、法律的意見を担当する弁護士と、土地の価格判定の専門家である不動産鑑定士、これに裁判官を加えた3者で構成されています。

建物の所有者は地主に対し、建物およびその附属物を地主に買い取ってもらうことができます。買い取り価格は「時価」になっており、建物が現存する状態の価格で買い取ってもらえます。

よく、借地契約書には「契約が終了したときは、借地上の建物を取り壊して更地にして返還すること」という条項が入っていますが、これは借地人に不利益になるとして、借地借家法では、これらの条項を無効としています。従来の契約書の条項に惑《まど》わされないように注意してください。

「許可」の制度利用し合理的な解決を

ご質問のように、教会が借地人である場合はもちろんですが、信者さんが借地人である場合でも、借地人の心理としては、とかく居住している状態を不安定なものと思いがちです。

しかし借地権は、地主の底地権よりも財産的価値が大きく、建て直しや借地権の譲渡も可能だということを知ってさえいれば、どっしりと落ち着いて普請《ふしん》に取り組むことができますし、日常生活や教会活動に支障をきたすこともないはずです。

借地借家法では、地主の「承諾」に代わる「許可」の制度を設けていて、地主との間に感情的なしこりを生んだり、不必要な遠慮をすることなく、合理的に解決できるようになっています。この点を踏まえながら、借地借家の問題に対処してください。

「講社祭をやめないのなら明け渡してくれ」とアパートの家主から言われている。

相談

アパートを借りている信者のAさんが、家主から「アパートの室内で講社祭をするのは、周囲に迷惑をかけるので困る。やめないのなら明け渡してくれ」と言われて困っています。Aさんは、借家契約の満了時に、更新料を支払わなかったことが原因ではないかと話していますが、どうしたらよいでしょうか。

（教会長）

ギクシャクした関係を丸くおさめる仲介役に

アパートで講社祭を勧めても問題なし

借家契約は、家主が建てた建物、あるいはその一室を賃借する契約です。土地を借りて自分で建物を立てる借地契約とは異なり、家主の建物を借りるものであり、しかも建物は使い方によって寿命もかなり違ってくるので、その使用目的には強い制限があります。居住用として借りたものを、工場や店舗にすると、使用目的違反として契約を解除され、建物を明け渡さなければならなくなります。

とはいえ、使用目的が多少変わっても、使用方法に大きな変化がないときは解除理由にはなりません。たとえば、居住用建物で内職をしたり、小さな電動工具などで仕事を始めても、建物に与える影響は小さいので解除理由にはなりません。ただし、それによって普通の居住用建物では考えられないような収益をあげた場合、賃料の増額を求められる可能性はあります。

ご質問の、アパートで講社祭を勧めることは、家族を中心としたものであり、そこに会長さんが入る程度ですから、なんの問題もありません。よほど多くの人が頻繁《ひんぱん》に出入りするなど、日常的に建物の使用方法が変化しない限り、問題にはなりません。

なお、家主が天理教を嫌《きら》って、このようなことを言っているのであれば、憲法で保障された「信教の自由」を侵《おか》す不当なものとして無効となります。

不当な理由による明け渡し請求は無効

家主の中には「子どもが生まれたら明け渡す」とか「契約期間が満了したら無条件で明け渡す」などの契約条項を押しつける人がいます。しかし、夫婦であれば、いずれ子どもができるのは当

アパートで講社祭は困る、と言われるが……

「講社祭をやめないのなら明け渡してくれ」とアパートの家主から言われている。

然ですし、子どもが生まれただけで建物の使用方法が変わるわけではありません。

また、期間が満了しても、家主の側に正当な理由がない限り、更新拒絶はできないことが「借地借家法」[メモ①]に定められています（九条）。たとえ契約書の文言《もんごん》に記されていても、借地借家法上は、このような不当な解除事由《じゆう》は無効とされます。

借家契約書に明確に書かれている以上、借家人に不利な契約でも守らなければならないと思うような場合でも、その内容によっては無効とされることがありますので、念のため

メモ①

【借地借家法】これまで借地法と借家法の二つの法律がありましたが、平成４年にこの二つを統一する同法が制定されました。これにより、従来の借地法と借家法の時代に結ばれた借地借家契約にも新法が適用されますが、新法で定められた重要な規定はほとんど例外とされ、旧法時代の契約には適用されないことになっています。そのため、実際は旧法が適用されているのと同じことで、借地法と借家法は、まだ生きているのです。

素人《しろうと》判断はせずに、弁護士などの専門家に聞くことをお勧めします。

借家契約の更新料を支払う義務は？

借家契約をするときは、期間を定めるのが一般的です。借地借家法では、借家期間の最短を一年としています。それ未満を定めても、期間の定めのない借家契約と見なされることになります。

期間の定めのない契約は、賃貸人側からの六カ月前の解約申し入れによって終了することになります（借地借家法二七条）。

しかし、この場合でも、裁判所としては、あとで詳しく述べるように、賃貸人が自分で建物を使用する必要がある事情のほか、これまでの賃貸借の状況や建物の利用状況や現況ならびに「明渡料《あけわたしりょう》」などを考慮し、賃貸人の申し入れが正当であるかどうかを判断することになります。

一般に借家契約の際、二、三年を契約期間とするものが多いようですが、その更新の都度《つど》、更新料の支払いを求められる場合がほとんどです。更新料は、賃料（家賃）一カ月分程度というのが多いようですが、たとえば二年

メモ②

【期間の定めのない借家契約】 借家期間を定めなかったもののほか、法の定める最短期間に満たない期間を定めた場合が含まれています。期間の定めがないため、家主は6カ月の期間をおけば、借家人に対し、いつでも解約の申し入れができます。その意味で、借家人は不安定な地位に立っているのです。しかし、家主側に正当な理由がない限り、明け渡しが容易に認められることはありません。借家人としては、それほど心配しなくてよいのです。

ごとの更新時に、一カ月分の更新料を支払うとすれば、実質賃料は二年分（二十四カ月分）に一カ月分を加えた二十五カ月分を二年間で割ったもの――になります。具体的には、月十万円の家賃とすれば、二年分二百四十万円に、更新料としての一カ月分十万円を加えた二百五十万円を二十四カ月で割った十万四千二百円が、実質的な一カ月分の賃料となります。一カ月十万円なら、まあまあと思っていたのが、実際はもっと高い賃料を払っていたことになるのです。こうしたことは、賃料[メモ③]の増減額請求にも大きな影響を与えます。

ところで、更新料について、現在の借地借家法は何も規定していません。したがって、当事者の意思、すなわち家主と借家人の間の借家契約の内容が優先することになります。

まず、借家契約の中に、更新料の支払い義務が記載されていないときは、家主がいくら請求しても支払う必要はありません。支払わなくても、それを理由として更新を拒絶されることもありません。たとえ家主が更新に応じなくても、法律上、当然のこととして更新されます。それを「法定更新」といいます。

「講社祭をやめないのなら明け渡してくれ」とアパートの家主から言われている。

メモ③

【賃料の増減額請求】 一度定めた賃料（家賃）でも、次のような事情があれば契約期間内でも変更を請求できます。①不動産の税金等の増減　②不動産価値の上昇・低下　③経済事情の変動　④近くの建物との比較により家賃が不相当となったこと――です。当事者間で、賃料の増減額についての協議がまとまらないときは、まず民事調停を行い、それでもまとまらないときは訴訟《そしょう》で決着をつけることになりますこれに対し、借家契約時に更新料の支払い約束が定められていたときは、その金額が不当でない限り、有効とされています。したがって、借家人が更新料を支払わないと、契約違反として契約解除の理由になります。

ただ、この場合でも、更新料の額は合理的なものでなければなりません。二、三年ごとの更新時に、一カ月分の賃料額程度の更新料なら不合理とはいえないでしょう。このように、借家契約を結ぶ際に、更新料支払いの規定があるときは注意しなければなりません。

立退料には明確な基準がない

借地借家法は、平成四（一九九二）年に大幅な改正がなされました。その中で、特に注意すべきは、明け渡しを求める際の正当事由《じゆう》について具体的に定めたことです。

旧来の借家法は「家主が自らその建物を使用する場合、その他正当の事由がある場合」としていただけで、具体的事情については規定していませんでした。

ところが、借地借家法では、①家主、借家人が建物の使用を必要とする事情　②賃貸借に関するこれまでの経過　③家主が明け渡しの条件として、または明け渡しと引き換えに、借家人に対し財産上の給付をする（立退料《たちのき》を支払う）旨《むね》の申し出――などを考慮して、正当事由を判断することとしました（二八条）。

これまでは、家主の側から立退料の提示をしても、必ずしも評価されないこともあったのですが、正当事由の判断要素の一つとしたことで、立退料の算定が合理化されることとなりました。

ただし、立退料には、必ずしも明確な基準があるわけではありません。借地権価格の二、三割と考える方法もありますが、居住用か営業用か、引っ越し先を見つけるのが容易か、などのほか、新賃料との差額も立退料の算定上、考慮すべき事項となります。そして何より、立ち退きによって家主の得られる利益の大小が大きな要素となります。つまり、老朽化《ろうきゅうか》したから建て替えるのか、まだ十分使えるのに大きなビルにして利益を上げようと明け渡しを求めているのか――によって、大きな差が出てきます。いずれにしても、先に紹介した借地権者に対する立退料と比べて、額は小さくなります。

もし借家人が不当な要求を続けていると、家主から裁判を起こされ、適正と思われる立退料の提示を裁判所が認めると、立ち退かざるを得なくなります。

借家人が取りつけた造作について

借家人が取りつけた造作については、借家契約終了に際して、家主に買い取ってもらうことが

「講社祭をやめないのなら明け渡してくれ」とアパートの家主から言われている。

できます。それを「造作買取《かいとり》請求権」といいます（三三条）。

造作というのは、民法で定められており、①建物に附加された物件で、②その所有権は借家人にあり、③附加されることで建物の一般的価値を増加させるもの――をいいます。

借家契約終了時に、借家人が造作を取り外すことはもちろんできますが、造作を外せば費用がかかり、その結果、附加した造作自体もほとんど価値がなくなり、さらに、せっかく増した建物の価値も低くなる、といった理由から、家主に造作を買い取るべき義務を課したのです。造作の代表的なものとしてはエアコン、給湯設備、大型冷蔵庫などがあります。

これまでは、家主の同意を得て借家人が造作を設置したのであれば、造作買取請求権は認められ、それを排除する約束をしても、無効とされていました。しかし、それでは家主としても、あとで造作を買い取らなければならないくらいなら、初めから造作をつけることを認めないということになり、借家人としては不便を強《し》いられることもあります。

そこで借地借家法では、契約上、造作買取請求権を行使しないと書いてあれば、家主に買い取りの義務を課さないとしたのです。これにより、家主も安心して造作の取りつけを認めることができるようになりました。

家主との関係を丸くおさめる

借家契約は、借地契約と違って、多くの人が利用しています。特に単身の若年層、あるいは若夫婦のほとんどは、アパートやマンションなどの借家契約をしています。近年は、そのトラブルも増えているようです。

借家は借地と違って、比較的移動が容易ですから、深刻なトラブルになることは少ないようです。とはいえ、借家人同士のトラブルも、あとを絶ちません。そのほとんどは、お互いのわがままが原因で、特に、若い人からそのような相談を受けたときは、周囲への気配りの大切さを諭すことが必要です。

一方、家主とのトラブルの多くは、無理な主張をする家主側に原因があることも事実です。これについては、しっかりした法律知識をもとに、交渉に臨む必要があります。

ただし、この場合でも、借家人である信者さんの言葉遣いや態度をカバーするような行動を会長さんがとることで、家主との交渉を円滑に運ぶこともできます。教会として、当事者同士のギクシャクした関係を丸くおさめる努力をされたら、いかがでしょうか。

「講社祭をやめないのなら明け渡してくれ」とアパートの家主から言われている。

第7章

刑事事件と裁判

信者の家族が警察に逮捕された。教会はどう対処したらいい？

相談

入信間もない信者さんの夫が、警察に逮捕されました。ところが、連絡を受けた夫人は、すっかり取り乱してしまい、何を聞いても「分からない、どうしよう？」とオロオロするばかりです。こんなとき、教会としてどう対処したらいいでしょうか。（教会長）

非常時こそ、教会は精神的な支えに

犯罪発生から逮捕に至るまで

犯罪が発生すると、警察などの捜査機関が捜査を開始します。それは多くの場合、被害者からの届け出や一一〇番通報がきっかけとなります。

警察官が現場に急行して、いままさに犯罪が行われているときは、その場で犯人を逮捕します。

これが「現行犯逮捕」です。

すでに犯人は現場におらず、のちに発見された場合は現行犯にはなりませんが、重要な犯罪で逮捕状[メモ①]をとる時間がないときは、「緊急逮捕」をすることがあります。この場合、警察は逮捕後すぐに逮捕状をとります。

一方、そのような緊急性がないときは、逮捕状による逮捕（通常逮捕）がなされます。

逮捕された人は一般に「犯人」といわれていますが、逮捕の前後を問わず、捜査の対象となっているという意味での「被疑者《ひぎしゃ》」が正式な呼び方です。

警察は、現行犯逮捕や緊急逮捕でないときは、被疑者の取り調べを任意で行うのが普通です。この場合、当然のことですが、留置などはされず、被疑者は自宅から警察へ出向き、取り調べが終われば帰宅することになります。何回かの事情聴取を繰り返し、犯罪事実（これを「被疑事実」という）が固まった時点で、警察は通常逮捕をするのです。

このように、任意の取り調べがなされているときは、被疑者としても、どのような理由で取り調べを受けているのか分かりませんから、場合によって

メモ①

【逮捕状】 逮捕するには、裁判所の逮捕状が必要です。警察などの捜査機関に対する司法からのチェックとして、裁判所が逮捕の必要性を判断するためです。捜査機関は、被疑者を逮捕する際、逮捕状を示さなければなりません。このほか、勾留する際は勾留状、家宅捜索などの場合は捜索差押《さしおさえ》令状などが裁判所から発行されます。このようにして、人権を保障しているのです。

被疑者（被告人）の家族を心ない人たちから守るのも、教会の大切な働き

は、この時点で弁護士に相談することもいいでしょう。

犯罪事実が固まって逮捕されると、身体（身柄《みがら》）が拘束《こうそく》され、留置されることになります。

警察は、被疑者を逮捕したら、その時点から四十八時間以内に検察庁へ送致《そうち》しなければなりません。

検察官は、被疑者の弁解を一応聞いたうえで、二十四時間以内に釈放するか、次に述べる「勾留《こうりゅう》」の請求をするか否《いな》かを決定します。

したがって、逮捕による身柄の拘束は、七十二時間（三日間）が最長となります。

最長23日間身柄が拘束される

軽微な犯罪、あるいは被疑事実をすべて認めていて、逮捕の必要性がないと検察官が判断すると、被疑者を釈放します。その後、被疑者は求めに応じて、自宅から警察署や検察庁へ出向くことになります。これを「在宅捜査」ともいいます。

しかし犯罪が重大で、逃亡や証拠（罪証）隠滅《いんめつ》のおそれがあるときなどは、検察官は裁判所に対し、勾留を請求します。検察官の勾留請求は、ほぼ百パーセント認められます。

被疑者の勾留期間は、原則として十日間です。本来は、人権保障の観点から、勾留はできる限り延長しないようにすべきですが、取り調べを担当する検察官が多忙であったり、休日をはさんでいたり、関係者が多かったりすると、十日間で捜査を終了することが難しくなり、勾留延長（最長十日間）がなされます。

結局、いったん逮捕されると、最長二十三日間は身柄が拘束されることを覚悟しなければなりません。この間、サラリーマンなら会社を休まねばならず、商売をしている人も大変な打撃を受けることになります。

さらに、被疑者と事件関係者の間でひそかに口裏を合わせるなど、検察官側の立証に支障が出るような場合、たとえば選挙違反、贈収賄《ぞうしゅうわい》、詐欺《さぎ》、恐喝《きょうかつ》などの犯罪、それから暴力団がらみの事件などは、弁護士以外の者との面会がすべて禁止されることがあります。これを「接見《せっけん》禁止」といいます。

接見禁止になると、家族も面会できません。ただし、衣類、食品などの差し入れは可能です。

こうして勾留期間（十日間、あるいは延長された場合は二十日間）が満了するまでに、検察官は被疑者の処分を決定します。

ほとんどの場合は「公判請求」といって、法廷での裁判を求めて起訴されます。なかには法廷を開かず、罰金を納付すれば終了する裁判手続き（略式命令）で終わることもあります。

ただし、窃盗《せっとう》罪には罰金刑がありませんから、起訴される場合は、必ず公判請求になります。たとえば、軽い気持ちからの「万引」であっても、窃盗罪そのものなので、重い犯罪となるのです。

また、起訴された時点で「被疑者」は「被告人」へと呼称が変わります。

幸いにして不起訴となれば、裁判から解放されます。ただし、不起訴は、勾留期間満了時に決定されることは少なく、その時点では、とりあえず「処分保留」という形で釈放され、のちに正式決定される場合が一般的です。処分保留での釈放は、後日、起訴される可能性があることも忘れないでください。

公判請求された場合の裁判の進み方は、のちに説明します。

「保釈」を取り消されることがある

勾留のまま起訴されると、それまでの〝被疑者の勾留〟から〝被告人の勾留〟となり、一回目は二カ月、その後は一カ月ごとの更新となりますが、判決が出るまでは、ほぼ無条件で勾留が継続されます。

被告人の勾留が始まると、原則として捜査はできませんから、被告人は裁判が始まるまで何もすることはありません。裁判所や検察庁としても、裁判の期日（公判）に被告人が必ず出頭するなら、特に勾留しておく必要はないので「保釈」（メモ②）がなされます。

保釈とは、公判への出頭を確保するため、身元引受人《ひきうけにん》による誓約書と、逃亡した場合には没収（法律上は「没取《ぼっしゅ》」という）することを前提として多額の現金、あるいは現金に代わる保証書を裁判所が預かり、身柄を釈放するというものです。

ただし「制限住居」といって、定められた住所で生活しなければならず、長期の旅行などは裁判所の許可が必要となります。これさえ守れば、仕事に戻ることもできますし、弁護士との打ち合わせも自由にできます。

メモ②

【保釈】保釈は、被告人に対して認められるものです。被疑者の段階では認められないので、検察官の起訴を待って、裁判所へ保釈の請求を行います。裁判官は検察官の意見を聞き、弁護士や家族と面接して、保釈するか否《いな》かを決定します。通常、請求から２～３日で決定がなされ、保釈が許されれば、その日のうちに保釈されますが、実刑判決が言い渡されると保釈は効力を失い、法廷から、そのまま収監《しゅうかん》されることになります。

保釈の際に納めるお金を「保釈保証金」といいます。犯罪の内容、被告人の社会的地位などによって定められますが、窃盗や傷害などの罪でも二百万円から四百万円くらい必要です。これは、判決言い渡し後に全額返されます。

ただし保釈は、次のような事情があるときは取り消され、保釈保証金も没取されます。

その事情とは、被告人が公判に出席しなかったり、逃亡したり、証拠を隠滅したり、あるいは証人の関係者に危害を加えたり、制限住居で生活しないようなとき、あるいは、その可能性があるときなどです。

このような場合は、せっかくの保釈を取り消されることがありますので、被告人の周囲にいる者は、気をつけて被告人を見守らなければなりません。

どのタイミングで弁護士に頼めばいいか

刑事事件では、被疑者の身柄が拘束されるので、日常生活に大きな支障が出ます。サラリーマンなどでは勾留期間満了後、たとえ不起訴となっても、長期間の休職を理由に、解雇などの不利益を受けないとも限りません。

また、被疑事実が重大だと、いくつかの罪名ごとに逮捕、勾留が繰り返されることもあり、非常に不安定な状態に置かれます。

このような場合、専門家である弁護士に依頼すれば、刑事手続きについての説明を受けることができ、警察や検察庁とも話し合いをしてくれるので、被害者との示談《じだん》などによって軽い処分になることもあり得ます。

刑事被告人には、国選弁護人がつけられます。しかし国選弁護人は、起訴されてからでないと、つきません。被疑者の段階では、私選弁護人を頼むしかないのです。

現在では、被疑者が逮捕されると「当番弁護士」メモ③を頼むことができます。当番弁護士とは、弁護士会から派遣されるボランティアの弁護士のことで、一回だけ無料で接見に来て、刑事手続きについての説明や、取り調べを受ける際の注意事項などを教えてくれます。そのまま私選弁護人として依頼することもできます。

ただし、私選弁護人は費用がかかりますので、よく説明を受けてから依頼するようにしてください。

メモ③

【当番弁護士】被疑者の段階では最長23日間、身柄を拘束されます。その間に、取り調べが終了することから、被疑者段階での国選弁護の必要性が叫ばれています。しかし、国は予算の関係で、被告人の国選弁護しか認めていません。そこで、全国の弁護士会がボランティアで、逮捕、勾留された被疑者に1回だけ無料で面会に行くことを始めました。これが当番弁護士の制度です。当番弁護士は、警察から連絡を受けると、数時間で駆けつけられるよう待機しています。

被疑者（被告人）の家族を守ることも

逮捕、勾留の段階で教会にできることは、刑事手続きについてはほとんどありません。ただし、不安になっている家族を精神的に支えてあげる必要があります。世の中には心ない人もいて、被疑者（被告人）の家族に嫌《いや》がらせをしたりします。被疑者（被告人）の家族を心ない人たちから守るのも、教会としての大切な働きだと思います。

もとより、罪を犯した人が心を入れ替えるまでに教え導くことは、教会の大きな役割です。このような非常時にこそ、教会が本当に頼りになる存在だということを示してください。

かつて参拝に来ていた男性が逮捕された。「裁判の証人になってほしい」と頼まれたが。

相談

以前、教会に参拝に来ていた男性が窃盗《せっとう》で逮捕され、拘《こう》置《ち》所から手紙が来ました。「身内にも見放され、誰《だれ》も裁判の証人になってくれないので、ぜひとも会長さんになってほしい」という内容です。刑事裁判のことはよく分かりませんし、どうしたらよいでしょうか。

（教会長）

心の生まれ変わりを促し真の更生へと導く

公判の流れと「冒頭手続」について

起訴《きそ》されるまでの刑事手続きについては、前に説明しました。このあと、起訴によって、被告人となると、裁判（公判）が始まります。

公判は裁判所の法廷で開かれ、向かって中央に裁判官、左と右に検察官と弁護人が座ります。

被告人は裁判官と対面する形で座ります。テレビドラマなどに出てくる法廷のシーンを思い出してください。法廷は柵《さく》で仕切られ、必ず傍聴席があります。裁判は公開が原則ですから、誰でも傍聴できます。傍聴人が多いときは、抽選で当たった人だけが法廷に入れます。

係員（廷吏《ていり》）が「開廷」を告げると、法廷内にいる全員が起立し、裁判官が着席して裁判が始まります。

裁判長は、被告人に対し、人違いでないことを確かめるため、氏名、年齢、職業、住居、本籍などを聞きます（人定《じんてい》質問）。その後、検察官が起訴状を朗読します。裁判は、この起訴状に書いてある事実だけについて行われますので、仮に十件の窃盗をしていても、六件分しか起訴されないときは、あとの四件について罰せられることはありません。

起訴状が朗読されたあと、裁判長は被告人に対して「黙秘権」(メモ①)の告知をします。

「被告人は、この公判廷において、すべての事実あるいは事実の一部について黙秘することができます。しかし、被告人が当公判廷で供述《きょうじゅつ》したことは、

かつて参拝に来ていた男性が逮捕された。
「裁判の証人になってほしい」と頼まれたが。

メモ①

【黙秘権】被告人は憲法上、いつでもどんなことでも黙秘する権利があります。黙秘権とは、犯罪をしたかどうかを問われて、それに被告人が答えなくても、「やったから答えないのだ」と推定してはいけないということを意味しています。黙秘権を認めている近代刑事訴訟《そしょう》は、被告人の供述がなくても、有罪にできる証拠を集めることを捜査機関に命じている、と考えることもできます。

被告人に有利にも不利にも証拠となりますので気をつけてください」という内容です。

そのうえで、裁判長は被告人に対し、起訴状の内容について意見を聞きます。このあと、弁護人の意見を聞き、もし事実に争う余地がないときは、検察官が提出する証拠を簡易な手続きで調べる「簡易公判手続《てつづき》」メモ②などによって証拠調べに入りますが、ここまでが「冒頭手続」と呼ばれるものです。

証拠調べが最も重要な手続きとなる

刑事裁判において、犯罪事実を認定するには証拠に依《よ》らなければなりません。そこで刑事裁判では、証拠調べが最も重要な手続きとなります。

起訴事実に争う余地がないときは、検察官が提出する証拠の要約を法廷で朗読するだけで立証は終了します。その後は、弁護人側が、被告人に対する刑を軽くしてもらうための活動、たとえば家族や勤め先の上司に情状《じょうじょう》証人として出廷し、被告人の性格や今後の監督について証言してもらう活動などを行うのみとなります。

メモ②

【簡易公判手続】 起訴状に対し、被告人と弁護人が有罪である旨《むね》を認めると、裁判所は証拠調べの手続きを簡易な方法で行うことを決定できます。証拠調べは厳格な手続きに依らなければなりませんが、有罪を認めている場合には、面倒な手続きはいらないということです。証拠調べが簡略化されるため、第１回公判期日で、すべての手続きが終了し、第２回公判では判決言い渡しということも可能となります。

かつて参拝に来ていた男性が逮捕された。「裁判の証人になってほしい」と頼まれたが。

証人になってほしいと頼まれたが、裁判のことはよく分からず……

しかし、起訴事実を争うとき、たとえば無罪の主張をするときなど、被告人・弁護人側としては、検察官が有罪を立証しようとして提出する証拠（多くは、証人など関係者の供述調書）のほとんどを採用することを認めません。このようなとき、検察官としては、関係者に証人として法廷で証言してもらうことになります。

この場合、検察官からの質問（これを「主尋問」という）に答えた証人は、弁護人からの尋問（反対尋問）にも答えなければなりません。このような証人尋問を数人行うだけで数カ月かかってしまいます。

大事件で多数の関係者がいる場合や、全面的に無罪を争うような事件の場合、裁判が長期化するのは、このような理由からです。

証拠調べは、検察官側が先に行い、それがすべて終了した段階で、被告人・弁護人側の反証が始まります。

起訴事実を全面的に争っている場合、弁護人としては、まず検察官の提出する証拠や証言の一つひとつの矛盾《むじゅん》点や信用できない点を指摘し、証拠の信用性をなくす努力をします。さらに、アリバイなどがあれば、その立証に全力を注ぎます。

起訴事実に争う余地がないときは、刑を軽くしてもらうための立証、たとえば被害者との示談《じだん》などに力を注ぐことになります。

被害者へのお詫びと再犯防止の情状証人

犯罪の事実に間違いがないとき、弁護人としては、被告人が素直に事実を認めて深く反省していること、被害者に対するお詫《わ》びや被害弁償を済ませたこと、さらに再犯のおそれがないことなどを明らかにして、一年でも軽い刑を言い渡してもらえるよう、また、刑務所に入らないで済むメモ③「執行猶予《ゆうよ》」の判決をもらえるよう努力します。これらを「情状立証」といいます。

その中で、特に重要なのが、被害者に対するお詫びです。

一般的に窃盗や傷害などの場合、被害者は物がなくなったり、治療費などの財産的損失を被《こうむ》るほか、精神的な苦痛を受けます。精神的な苦痛に対する賠償は「慰謝料《いしゃりょう》」と呼ばれますが、犯罪被害者と示談を行うには、この慰謝料の支払いが必要となります。検察官や裁判長からも「示談はできていますか?」といった質問が必ずなされますので、弁護士や家族とよく相談して、早期に示談を行うことが大切です。そして、その結果を記した示談書を裁判に提出します。

次に重要なのが、再犯防止のための情状証人です。普通は、配偶者、両親や兄弟姉妹が証人となって、被告人の日常生活や性格を証言し、「今後は十分に生活を監督して、二度と犯罪を起こさないように見守っていきます」といった内容を証言します。

場合によっては、会社の上司や友人などが情状証人になることもありますが、いずれも被告人と日ごろから深く接触していて、日常生活を監督できる人でなければ信用されません。

論告・求刑後、弁護人による最終意見陳述へ

検察官、弁護人双方の証拠調べが終わると、検察官の意見陳述(これを「論告《ろんこく》」という)がなされます。論告の最後に、検察官は「被告人を懲役《ちょうえき》○年に処するを相当と考えます」と述べ、論告を終えます。これが「求

メモ③

【執行猶予】言葉の意味は、刑の執行(刑務所への収監《しゅうかん》)を猶予するということです。したがって、懲役刑あるいは禁錮《きんこ》刑を言い渡されても、猶予期間中は収監されず、社会生活を営むことができます。執行猶予は、3年以下の刑にしか付《ふ》することができませんので、懲役4年といった刑では執行猶予にはなりません。猶予期間は5年が最長で、執行猶予中に犯罪を起こしても、あらためて1回だけ執行猶予がつく可能性はありますが、最初の執行猶予の際、保護観察が付されると、2回目の執行猶予はつかないことになります。

刑」です。

求刑は、検察官の単なる意見ですから、裁判所はこれに拘束《こうそく》されることはありませんが、ほかの類似の事件とのバランスから求刑が出される以上、だいたいは求刑通りか、やや下回る刑が言い渡されることが多いようです。もちろん、求刑より重い刑を裁判所が言い渡すこともあります。

検察官の論告・求刑後、弁護人から「最終意見陳述《ちんじゅつ》」がなされます。裁判手続きの最後の弁論という意味で「最終弁論」とも呼ばれます。

最終意見陳述において、起訴事実を争っているときは、法律上の主張を中心に行います。特に争いのないときは、情状を中心とします。その要点としては、

①やむを得ない動機と言えないか
②被害者側の落ち度
③被害の大きさ
④示談成立
⑤社会的制裁を受けたこと（解雇、失職など）
⑥深い反省
⑦嘆願書、その他被告人に有利な事情

――を述べ、寛大な刑の言い渡しを求めるのです。

判決に不服があれば上訴することも

手続きが終了すると、早ければ数日後、普通は一カ月後くらいに判決が言い渡されます。

執行猶予がつかなければ実刑となって、刑務所に入らなければなりません。執行猶予というのは、一定の期間（猶予期間）、別の犯罪を起こさなければ、刑の言い渡しがなかったこととなり、刑務所に入る必要がないことはもとより、法律的には有罪判決を受けなかったことになります。

実刑はもちろん、執行猶予つき判決も有罪判決ですから、不服があれば「上訴《じょうそ》」できます。一審判決の上訴を「控訴《こうそ》」といい、二審判決の上訴を「上告《じょうこく》」といいます。一審が地方裁判所のとき、控訴は高等裁判所、上告は最高裁判所になります。

教会長は信者の情状証人になるべきか

ご質問の場合、お道から離れていたその男性は、会長さんに対し、情状証人として証言を求めてきたものと思われます。

信仰のうえでも、付き合いのうえでも長い間のブランクがあり、その男性がお道から離れて、どこでどのような生活をしていたのか分からないので、不用意に証人にはなれないという思いもあるでしょう。しかし一度、拘置所へ面会に行き、その男性とよく話し合い、反省の度合いと性格を見極めたうえで証人になることをお勧めします。

裁判では、これまでのいきさつを正直に話し、今後は、その男性を教会に引き取って、お世話取りをするとか、教会として更生を見守っていきたいといったことを証言すればよいのです。決して嘘《うそ》をついてはいけませんが、会長として、その男性のことを心配している、なんとかたすけてやりたいという気持ちを率直に述べればよいのです。

親族にも見放されてしまったその男性が、これを機に、心の生まれ変わりをすることができるよう支えてあげてください。

大学生の息子がおかしなグループに。学校にも行かず印鑑を売っている。

相談

下宿して大学に通っている息子が近ごろ、おかしなグループに入って合宿生活をしています。仕送りのほとんどをグループに渡し、わずかな小遣いをもらっているだけで、学校にも行かず、印鑑を売ってはトラブルを起こしているようです。このごろは親の意見を全く聞かなくなりました。どうしたらいいでしょうか。

（主婦）

組織から切り離し、脱退後の社会復帰に尽力する

「カルト」という反社会的な宗教団体

外から見ただけでは何をしているのか分からないグループ（組織）に所属し、その組織に献身することが生活のすべてとなり、家族や社会との関《かか》わりにおいてもトラブルを起こしている——ということから判断すれば、息子さんは、おそらく「カルト」に取り込まれたと見て間違いない

でしょう。

カルトとは、もともと「礼拝、儀式、熱狂」を意味する言葉ですが、最近では人間の自由意思を抑圧し、人格を破壊する反社会的な宗教的団体のことをいいます。いわゆる「カルト教団」と呼ばれるものです。

すでに多くの霊感商法《メモ①》の裁判例で、カルト教団と認定されたのは、世界基督《キリスト》教統一神霊協会（統一協会）、オウム真理教（「アーレフ」と改称）、ライフスペース、法の華《はな》などがあります。

このほか、自己啓発セミナーの各種サークル、あるいは日本で多くの信者を抱えるいくつかの教団も、次に述べる定義に当てはめると、カルト教団と見なされる余地があります。現に、カルト教団による被害者救済弁護団や諸外国では、これらを「カルト（セクト）」として分類しています。

カルトは、信者の人格のみならず、家族関係や社会関係までも破壊します。そして、集団として孤立する反社会性を有しています。

カルト教団には、純粋で使命感に燃えた若者が入りやすいといわれています。ご質問の息子さんの件については、すぐに手を打つべきです。

メモ①

【霊感商法】 顧客の悩みを聞き出したうえで、色情、殺傷、蓄財などによる先祖の悪因縁が今日の不幸の原因であると思い込ませ、それを避ける方法として印鑑、多宝塔《たほうとう》、人参《にんじん》液などを高額で売りつける悪質な商売をいいます。これらに対する訴えにより、裁判では統一協会がカルト教団と認定されました。霊感商法の裁判では、自由意思を抑圧した方法が厳しく指摘され、支払った代金の全額返還はもとより、慰謝料《いしゃりょう》までも認めている判決も多くあります。

巧妙なマインド・コントロールに注意

ある集団や組織がカルトであるか否《いな》かを見分けることは、比較的簡単です。カルトには、次のような考え方や行動の特徴があります。

①真理、真実は、その組織のみに存在する。
②世界を組織と外部に二分し、善悪をはっきり分け、その判断は組織の判断に従う。
③情報は組織からのみ与えられ、疑わず、自分の頭で考えることをしないよう教育される。
④外部情報を否定し、時には虚偽《きょぎ》の情報を提供する。
⑤外部には名称を変えるなど、組織の正体を隠す傾向がある。
⑥組織に属さない人（家族を含む）と多くのトラブルを生じている。
⑦生活の細部にわたって規制し、組織内の生活が日常生活のすべてになっている。
⑧組織から離脱した人間への迫害を通じ、組織への忠誠心を高める。
⑨生死にかかわる極度の恐怖心を与えて、組織からの離脱を防ぐ。
⑩社会からの迫害意識を持ち、それによって組織を固めようとする。

しかし、残念ながらカルトに加入させられてしまった人たちは、これらのことには気がつきません。「マインド・コントロール」されているからです。

大学生の息子がおかしなグループに。
学校にも行かず印鑑を売っている。

マインド・コントロールというのは、戦争捕虜《ほりょ》などが思想を強制的に変えられるような、いわゆる「洗脳《せんのう》」とは異なり、本人自身が強制されていると感じることなく、むしろ自分の意思で生き方を決めたかのように思わせて人格を破壊し、別の人格に置き換えてしまうやり方をいいます。

マインド・コントロールは実に巧妙に行われます。思い起こせば、有名医大を出た医者が地下鉄内でサリンを散布し、大量殺人に手を染めるまで精神をコントロールされてしまったことは、記憶に新しいところです。個人の精神力だけでマインド・コントロールに対抗するのは、おそらく困難でしょう。

カルトから身を守る自衛の手段は「決して近づかない」

カルトか否かを見分けるのは、さほど難しいことではありません。そして、カルトから身を守るには、前に述べたカルトの見分け方をしっかりと身につけることです。この条件に当てはまる団体や組織には決して近づかないことが、最善の自衛手段です。もし知らずに接触しても、そうと分かったら、深入りする前に脱退することです。

コラム

【離脱させないための脅迫《きょうはく》】東京地方裁判所の判決文の中に、カルト教団の恐ろしさを見ることができます。「教理を知ってその道を行かなければ、知らないでその道を行かない人よりもっとひどい地獄に堕《お》ち、先祖、子孫ともに苦しみ続けると言われ、組織から離脱することが困難な状態となり、献身するに至った」。これが、一度入ったら抜け出せなくなるカルト教団のやり方なのです。

大学生の息子がおかしなグループに。学校にも行かず印鑑を売っている。

カルト教団の特徴

次に、身近な人がカルトに取り込まれているか否かを判断するには、次のような点に気をつけてください。

- 連日のように帰宅が遅くなる。
- 帰宅せず「合宿」などが多くなる。
- 嘘《うそ》をつくことが多くなる。
- 家では極端に無口になる。
- 親や家庭の価値観を否定する。
- 金銭的な要求が強くなる。時には「遺産を前もって分けてくれ」などと言うことがある。
- 飲酒や、おしゃれをしなくなる。

——こういった状況が重なると、カルトにかなり深入りしたものと思われます。

最近では、精神科医のグループや宗教団体、それにNPO（非営利組織）団体などによるカルト[メモ②]

被害者の救済組織が設立されていますので、それらの協力を得て、適切な措《そ》置《ち》を早急に講じなければなりません。

脱退後の心の空洞を埋めることが大切

カルトから脱退した人の苦しみは、私たちの想像を超えるものがあるようです。

まず、カルトに入った人の特徴として、人生で初めて〝真理〟を知ったという満足感を得ており、その〝真理〟を自分の力で実現しなければならないという強い使命感を持っています。

そして何より、親兄弟よりも濃密な組織内の人間関係、質素な衣食住の活動による一体感などが、本人の生活そのものになっているので、それらをすべて手放させることは、きわめて困難です。無理やり組織から引き離しても、すぐに戻ってしまうのは、こういう背景があるからです。

さらに難しいといわれているのが、脱退した本人の心の立て直しです。あるカルト組織からの脱退に成功した人の手記を見てみましょう。

メモ②

【カルト被害者救済組織】 カルトの被害者に対しては、数多くの救済組織があります。そのほとんどが民間の非営利組織（ＮＰＯ）で、宗教団体が救済活動をしているところもあり、これらはインターネットなどで脱退者の体験談などを公開しているので、よく読んで、団体の性格を見極めること。カルト教団が救済組織を運営しているケースもあるので、注意が必要です。

「〇〇はそれまで、私の心の大きな柱となっていました。ですから、〇〇を脱会したことによって、私の心には大きな穴があき、そこを空《から》っ風が吹き通っていくように感じました。自分の先が見えず、自分はどこに進んで生きていいのかも分からず、また心の支えとなるものを見出《みいだ》せない状態は、とても不安で、孤独で、辛《つら》いものでした」

この手記から分かることは、カルトから脱退させることもさることながら、脱退後の心の空洞を埋めることが、いかに大切かということです。

脱退者は〝心のたすかり〟を求めている

カルトに走った人を救済することは、教会として果たすべき大きな役割だと思います。

カルト教団に対しては、多くの裁判で、個人の自由意思を抑圧し、信教の自由を侵害するものとして、それまで寄付あるいは献金させられた金額の返還を命じたり、精神的苦痛に対しては慰《い》謝料《しゃりょう》の支払いを命じる判決が次々と出されています。

ご質問のような印鑑の悪質な販売は、統一協会によるケースが多く、裁判ではことごとく代金の返還を命じられています。

具体的な損害賠償については、法律の専門家に任せるとして、教会は、カルトに入った人と組

大学生の息子がおかしなグループに。
学校にも行かず印鑑を売っている。

織との切り離し、その後の社会復帰などに大きな役割を果たすことができます。

まず、一人の宗教者として、カルトに入っている人と心穏《おだ》やかに話す時間をつくってください。このとき決して、カルトからの切り離しを目的としていると気づかれてはなりません。ともかく時間をかけて、本人が心を開くまで話し合うことです。

話し合える関係をつくる一方で、カルトからの救出活動を行っている専門家の知恵を借りてください。インターネットなどでも公表しているので、それらを利用するとよいでしょう。

ただし、この時点で、救出活動をしている人との接触を知られると、その後は、本人との一切の連絡を断たれてしまうおそれがありますので、特に注意が必要です。

カルトのおたすけをする際は、本人はもちろん、その家族たちと、時間をかけてじっくり話ができるまで、こちらが誠意を尽くすことが求められます。

そして何より重要なのは、脱退して家に戻ったあとの心のすき間を埋めることです。心のすき間を埋めるのは、親神様・教祖《おやさま》の親心以外にありません。これを優しく温かく取り次ぐのが、教会長や布教師のつとめです。

不幸にもカルトに入ってしまった人たちは、心を病んだり、傷つけられた人たちです。彼らは〝心のたすかり〟を求めています。教会長のつとめは、ここにもあるのです。

第8章

お供え、布教、教会活動

高齢の信者の息子から、お供えの返還を求められた。

相談

数十年も信仰してきた信者さんの息子（未信仰）から「母は高齢で、お供えの意味が分からなくなっている。この十年間にお供えした分を全額返してほしい」という申し出がありました。その信者さんは、てをどりをつとめられるほどしっかりしていますが、返さなければいけないでしょうか。（教会長）

トラブルの原因を教会として省みるとき

あとを絶たない献金に関するトラブル

長引く不況の影響か、宗教団体をめぐる献金、寄付などのトラブルが増えています。

献金は本来、献金しようとする人の「自発的な意思による宗教行為」の一つです。信仰心に基づいて行われる自発的献金は、神仏への感謝、報恩の気持ちの発露《はつろ》として崇高《すうこう》なものです。

このような気持ちからなされた献金であれば、返還請求など起こるはずもないのですが、実際、献金に関するトラブルは、あとを絶ちません。いくつかの例を挙げ、その原因を探ってみたいと思います。

正常な判断能力がある人の献金は問題なし

献金は、自発的な意思による宗教行為ですから、取り消しや返還請求が安易になされることはないはずです。しかし、自発的な意思に基づくものとは言えないときは問題となります。その代表が、正常な判断力がない場合です。

これには、①病気や精神障害、あるいは高齢による痴呆《ちほう》のようなケース　②精神能力には問題ないが、恐怖心や不安をあおられて正常な判断ができない状態で献金するケース――が考えられます。

このうち①については、献金を受ける側としても、本人の状態を把握《はあく》しているはずですから、状況に応じた献金額や献金の方法であれば問題はありません。しかし、本人の経済状態などから見て、非常に多額の献金をしようとしていたり、賽銭箱《さいせんばこ》に投げ入れたりする場合（後述）は、のちのちトラブルになるケースがありますので、本人の意思を尊重しながらも、献金額への配慮が求められます。

　特に、高齢者の場合は注意が必要です。ご質問のように、息子さんが母親の宗教を信じていないなら、なおさらです。信仰歴の長い高齢者は、神仏に帰依《きえ》する心や感謝の心も強いので、未信仰の人から見て常識外とも思える多額の献金をすることがあります。とはいえ、本人の言葉や判断能力がしっかりしていれば、実の子といえども口出しはできません。

　ところが、本人に痴呆の症状等が現れると、ご質問のような返還請求をされることがあります。

　このようなとき、お供えを受けた側としては、本人の教会における行動、長年にわたるお供え歴とその金額を踏まえて、異例な額になっていないかなど、過去の具体的な行動をもとにして判断する必要が出てきます。特に従来と変わったところがなければ、返還請求に応じる必

こんなとき、どうすれば……

高齢の信者の息子から、
お供えの返還を求められた。

要はありません。

ご質問のように、てをどりをつとめられるほどの状態であれば、正常な判断能力があると考えられます。本人が返還請求をしていない以上、息子さんの要求に応じる必要はないでしょう。

ただし、②のケースでは、献金者の自発的意思とは言えず、返還請求が認められます。

裁判例では、

イ、勧誘の目的が、もっぱら利益獲得のような不当な目的による場合

ロ、勧誘行為の方法が社会的に相当でない場合（「献金しなければタタリがある」と脅《おど》すことなど）

ハ、勧誘の結果、社会通念を超えた多額の献金をした場合

――などは、勧誘行為を違法とし、献金の返還を命じています。

ここで注意すべきは、単に献金が高額であることだけを理由とする返還請求は認められないということです。本人の自発的意思に基づく限り、いかに高額でも献金自体が問題になることはありません。

賽銭箱に多額の献金が入っていた場合

ふつう賽銭箱への献金（お供え）は、少額のものが多いのですが、たとえば数百万円や数千万円を投げ入れ、しばらくして「あれを返してほしい」と言われることがあります。

一般的に、賽銭箱への献金は無記名です。したがって、本人が陰徳を積むことを意図して無記名で行った献金が、たとえ高額であっても、それが問題になることはありません。

ところが、献金を受けた宗教団体あるいはその関係者が、多額の献金があったことを公表したり、口を滑らせたことがきっかけで、それを知った本人から「あれは間違いだった。返してほしい」と請求されることが、しばしばあるようです。

それでも、精神的な障害を抱えた人が家の大金を勝手に持ち出して、賽銭箱に投げ入れたことが分かるような場合ならともかく、賽銭箱への多額の献金も、基本的には返還する必要はないでしょう。裁判所などでも、本人が投げ入れたことが証明できない、などの理由で請求が棄却《ききゃく》されています。

献金の中で、特に問題となるのは、選挙の立候補者が自分の名前を書いて献金した場合です。その候補者が以前からの信者であり、献金額も従来と変わりなければ問題ありませんが、選挙のときだけ参拝に来たり、従来の献金額を大きく上回るような場合は選挙違反となります。［メモ①］「神様

高齢の信者の息子から、お供えの返還を求められた。

へのお供えだから、いいだろう」などと軽く考えず、必ず返すようにしてください。

「霊感商法」により献金させられた場合

献金等の勧誘に当たっては、①先祖の因縁やたたり、あるいは病気・健康の不安を極度にあおって精神的混乱をもたらす　②本人の意思に反して長時間にわたって勧誘する　③多人数により又《また》は閉鎖された場所で強く勧誘する　④相当の考慮期間を認めず、即断即決を求める――といった点が認められると「霊感商法」と判断されます。

具体的な事例としては、「(亡くなった)ご主人が地獄界で苦しんでいる。献金すればたすかる、と言っている」、「(このままでは)あなたの子が自殺する」「娘さんが結婚できない」「ご主人が事故に遭《あ》う」などと言って、仏壇《ぶつだん》や多宝塔《たほうとう》などの購入代金として数百万円の支払いを約束させ、お金がないと、サラ金(消費者金融)などへ連れていって借金させる、といったものがあります。最初は一回五万円くらいの、比較的少額の除霊の儀式に参加させ、そ

メモ①

【選挙違反】公職選挙法は、選挙の立候補者あるいは立候補予定者の寄付を厳しく禁じています(199条の２)。寄付としての、お中元、お歳暮、入学祝い、結婚祝い、出産祝い、お祭り等での寄付、餞別《せんべつ》など、従来からの慣行も、すべて禁止されています。結婚式に招かれた場合でさえ、会費制での支払いは許されますが、式場の料理代金以上のお祝いは禁止されているので、注意してください。

の後は徐々に段階を上げて、最終的に五千万円も献金させられた被害者がいました。
もし、信者さんの親族などが、これらのトラブルに巻き込まれた場合は、日本では法律を含めて規制が十分でないため、ケースごとに裁判に訴え、献金の返還を求めるしか方法はありません。[メモ②]

天理教の教会では、このようなことは教えのうえからもあり得ないことですが、たとえば、おさづけの取り次ぎに対するお供えが、未信仰の人から見て、「病気をたすけてもらうための献金」と安易に受け取られることのないよう、きちんと説明すべきでしょう。おさづけを取り次ぐ真の目的が、身上のたすかりを通じての心のたすかり（成人）にあることをしっかりと伝え、金額の多寡《たか》ではない、心からの感謝のお供えをしていただけるように配慮する必要はあります。

領収証を求められたら出すべきか

献金は、宗教行為の一つであって、経済行為ではありませんから、献金に対する領収証を求める人は普通いないものです。

高齢の信者の息子から、お供えの返還を求められた。

メモ②

【献金の返還命令】 裁判例では、長時間にわたる勧誘で、献金すると言わなければ家に帰れないような状況の場合は、逮捕・監禁罪が成立する、としています。また、自由な意思決定ができずに支払いを約束させられたことについても、詐欺《さぎ》・脅迫《きょうはく》などを認めており、すべての献金を返還させています。

しかし、多額の献金をした人が領収証を求める場合は、注意が必要です。領収証を求めるのには、それなりの理由があるからです。

一つは、領収証のコピーをばらまいて、その宗教団体に対する影響力を誇《こ》示《じ》したり、自らに信用をつけようとする人がいます。あるいは、宗教団体の運営に何かと干渉し、帳簿類の閲覧《えつらん》を求め、難癖《なんくせ》をつけて献金の返還とともに利息を請求する、といったケースです。これらは実際にあった事件です。

天理教の教会でも、お供えの金額などをきちんと記帳し、経理面を公正に処理していれば、何ら問題はありませんが、この点がルーズな場合は、思わぬトラブルに巻き込まれることがあります。

日本弁護士連合会（日弁連）の作った指針メモ③によれば「お布施、献金、祈禱《きとう》料《りょう》等名目《めいもく》の如何《いかん》を問わず、支払《しはらい》額が一定金額以上の場合には受取《うけとり》を証する書面を交付」すべきとしています。

私の考えでは、宗教上の献金とそれに対する領収証は本来なじまないものと捉《とら》えており、必ずしも領収証を交付する必要はないと思います。しかし、日弁連は、宗教法人に与えられた税優遇制度を故意に悪用して献金の存在自

メモ③

【日弁連の指針】「反社会的な宗教活動にかかわる消費者被害等の救済の指針」として、平成11（1999）年３月26日に発表されました。これによると、現在あるほとんどの宗教団体は「真剣に現代社会に生活する我々に心の平安や豊かさ、そして生きがいを見出《みいだ》すべく尽力されている」と評価し、一部の集団が宗教に名を借りて違法行為をしている、と認定しています。指針は、これらの集団を規制する目的で作成されたものです。

体を曖昧《あいまい》にする事例があることから、基本的には交付しなくてもよいが、求められたら交付すべきである、と考えているようです。

これは将来的な課題ですが、金銭の授受の不透明さは、宗教団体の高潔性を害するものと考え、一定金額以上の献金を受け取るときは、要求があれば領収証を交付することも検討すべきでしょう。

ただし、領収証を出すということは、単に献金をした事実を証明するだけで、将来の返還要求に応じなければならないということではありません。

自己の正常な意思で、いったん献金した以上、あとになっての返還要求に応じる必要のないことは、先に述べた通りです。

お供えにまつわる事情の原因をさんげする

布教をはじめ各種の宗教活動を行うには、献金（お供え）が不可欠です。社会的観点から言えば、教会が信者さんのために存在するものである限り、金銭上の問題は起こりようがありません。これまで紹介したような献金にまつわる問題は、実は、教会あるいは教会を預かる教会長自身に問題がある場合に限って起こっています。

高齢の信者の息子から、
お供えの返還を求められた。

もし、このようなトラブルが生じたときは、事案の解決のため、弁護士に相談するとともに、教会長として正しく信仰してきたか、なぜこのような事情が生じたかを、深くさんげしなければなりません。

当たり前のことですが、教会はお金によって人をたすける所ではない、と肝に銘じるべきです。

布教先で法律上のトラブルがある。教会はどんな点に注意すべきか？

相談

教会から数人の布教師が毎日にをいがけに出ていますが、先日、マンションの敷地に入ったら、「住居侵入だ」と怒《おこ》られたそうです。これ以外にも、法律的なトラブルがあって、元気なく帰ってくることが少なくありません。布教するに当たって、特に注意すべきことを教えてください。

（教会長）

相手の理解を得られるよう慎みと誠の心で対応する

カルト教団への社会的批判が渦巻く中で

オウム真理教（「アーレフ」と改称）をはじめとする、宗教とは呼べないような、いかがわしい団体（カルト教団など）が社会的批判を浴びています。そんな中で、真面目《まじめ》ににをいがけ・おたすけに奔走《ほんそう》している布教師でも、誤解に基づく非難を受けるケースが多くなってきました。

ここでは、いくつかの例を挙げ、その解決の仕方について考えてみましょう。

「住居侵入で訴える」と家人に言われた場合

信者さんから紹介されたAさん（40歳・女性）は長い間、子どもの非行に悩んでいました。布教師は、子どもの非行の真の原因は夫婦の心の持ちようにあると諭し、Aさんも納得して、そのお諭しを受け入れ、真剣に天理教を信仰するようになりました。しかし、それを聞いた夫は「信仰で非行が直るか。非行は学校が悪いんだ」として、Aさんの信仰を認めようとせず、布教師が家に出入りすることを許しませんでした。Aさんは夫の留守中に、布教師を家へ呼び、子どもと一緒に天理教の話を聞いていましたが、このことが夫に分かり、「一家の主《あるじ》の承諾もなしに無断で家に入ったのだから、住居侵入罪で訴える」と布教師に言うのです。

しかし、この場合は住居侵入罪には当たりません。住居侵入罪は、現在では、住居の平穏《へいおん》を害する犯罪とされており、住居者である妻や子どもの承諾がある限り、たとえ夫が反対しても犯罪にはなりません。このことは、Aさんがまだ入信していないころ、布教師を積極的に家に招き入れたわけではない場合――一般的には、布教師が戸別訪問中、病気で寝込んでいる人を見かけ、おさづけを取り次ごうと家に上がり込んだ場合でも、同じことです。

無断で入ると、トラブルになることも

その家に入ることを初めから明確に拒絶されている場合や、鍵《かぎ》がかけられているにもかかわらず、壊して家に入ったようなときは、住居侵入罪になることは言うまでもありません。

なお、ご質問のように、最近では「宣伝、勧誘、ビラ配りのための立ち入りを禁ず」といった看板を掲げた団地やマンションもありますが、この場合は注意を要します。建物の位置や形態によって、一般人が容易に入り込めない状況になっているときは、無断で入ると住居侵入罪が成立する可能性があるからです。

しかし、そのような表示があっても、実際は道路に面していたり、特に立ち入りを禁止するような形態になっていないとか、すでに多くのビラが配られているような状況では、にをいがけのチラシを配り終えてすぐに立ち去るような短時間の立ち入りなら、犯罪にはならないと考えてよいでしょう。

おぢば帰りを「誘拐」と抗議された場合

　こどもおぢばがえりに参加したことのある高校生のB君が、教会に来ました。両親は他宗教を信じているため、天理教の教会に行ってはならないと釘《くぎ》を刺されているようですが、B君は自らの意思で「おぢばに帰りたい」と言うので、教会の団参バスに同乗させました。詰所に一泊しているとき、両親から「未成年者を親の承諾なしに連れ出したのだから誘拐だ[メモ①]」と強く抗議された、というケースがあります。

　結論から言えば、誘拐にはなりませんが、両親が反対している場合の未成年者の扱いには細心の注意を要します。

　未成年者であっても、憲法上は「信教の自由」がありますから、親であってもB君が天理教を信仰するのを止めることはできません。しかし未成年者は、親権者たる親の管理下に置かれているので、親権者は子どもの健全な成育に必要な教育上生活上の指導や命令をすることができる、とされています。

　もとより、天理教が未成年者の健全な成育に害を及ぼさないことは言うまでもありませんが、親権者の方針に反しているときは、子どもの信教の自由

メモ①

【誘拐《ゆうかい》】甘い言葉や偽《いつわ》りの言葉で騙《だま》し、他人を支配下に置くことを「誘拐」といい、有無を言わせず暴行・脅迫《きょうはく》を手段として拉致《らち》することを「略取《りゃくしゅ》」といいます。刑法では「略取・誘拐罪」として、ひとまとめにされています。誘拐の場合、被害者自身が、自分は誘拐されたと考えていないこともあるが、誘拐か否《いな》かは客観的に判断されるので、被害者本人が、あとで納得した場合でも、誘拐罪は成立します。

も一部制限されることがあります。

日本弁護士連合会（日弁連）の指針では、オウム真理教や日本基督《キリスト》教統一神霊協会（統一協会）などの不当な活動を想定して、「宗教団体等は、親権者の反対している場合には、未成年者を長期間施設で共同生活させるような入信を差し控《ひか》える」べきである、としています。

B君のようなケースは短期でもあり、全く問題はありませんが、教えのうえからも両親の納得を得られるよう、教会は慎重に対応すべきでしょう。

プライバシーの守秘義務に細心の注意を

近ごろ「プライバシーの侵害」《メモ②》ということが、よく話題に上ります。プライバシーとは、私生活を公にされない権利という意味です。

教会長や布教師は、身上・事情という私生活上の悩みを聞いて、おたすけをするわけですから、信者のプライバシーそのものに触れていることになります。

宗教者がその職務上知り得た秘密は、絶対に守らなければなりません。信

メモ②

【プライバシー】判決では「私生活をみだりに公開されないという法的保障ないし権利」としています。現在は、プライバシー保護のため、個人データを①不当に収集しない　②不当に利用しない　③個人に参加させて修正させることができる　④適正に管理する　⑤管理者の責任を明確化する――という5原則が確立されています。信者に関する個人情報は、教会が厳格に管理する必要があることは言うまでもありません。

者さんのプライバシーを侵害するつもりは全くないにもかかわらず、おたすけ話の一つとして、同じような悩みを抱えている人に話すことも、プライバシーの侵害となるので注意が必要です。ましてや、神殿講話など多くの人前で〝その人〟と分かるように話すことは、もってのほかです。こちらにそのつもりがなくても、プライバシーを侵害されたと感じる信者さんの気持ちが優先されるからです。

場合によっては、損害賠償を請求されることもありますが、何よりも教会長や布教師が、信者さんの嫌《いや》がる気持ちを察することができず、信頼を失ったことのほうが重大です。十分に気をつけてください。

「おつとめの音がうるさい」と中止を求められた場合

布教とは直接関係のないことですが、住宅が密集している都市部の教会では、朝夕のおつとめや月次祭などのおつとめを〝騒音〟として近隣住民が中止を求めるケースが増えています。

教会が、その地域にあとから入っていったのならともかく、数十年も存在しているところに、周囲に新たに住み始めた人たちから苦情が出たときは、どのように対処したらよいでしょうか。

こうした場合、おつとめの音に文句を言ってくるのは他宗教の人が多いようです。天理教は、その教えからいって、人とのトラブルをできるだけ避けるべきですが、事、おつとめに関しては譲《ゆず》れないものがあります。おつとめを急《せ》き込まれて身をかくされた教祖《おやさま》のひながたを考えれば、おつとめを止めるわけにはいきません。

そこで、いままで解決してきた事例を紹介しましょう。まず、多くの場合、おつとめが気になる人は「何をしているのか、いつするのか、いつまでするのか」といったことにイライラしているようです。そこで、このような人たちを教会に案内して、おつとめの意味、方法、時間などを説明し、実際におつとめをしているところを見てもらい、理解を得て、解決した例があります。

また「音がうるさい」と言う人には、おつとめの時間を変更したり、窓を閉めたり二重にするなどして、都道府県等が定めている騒音基準をクリアすることで解決を図りました。普通の鳴物の音の大きさなら、ほとんど問題はありません。

本部のおつとめ時間に合わせて教会で勤める場合、サラリーマンなどが多い住宅街では、現代人の生活時間帯に合っていないことがあるようです。

たとえば、日曜・祝日の午前五、六時といった時間帯は、近隣住民にとっては迷惑と感じることもあるでしょう。一般的にいえば、午前七時すぎなら、お互いが生活するうえで我慢《がまん》しなければならない範囲（これを「受忍限度」[メモ③]という）として、おつとめをすることも許されると思います。

ちなみに、東京の下町にある私どもの教会では、朝づとめの時間は一年を通して午前七時三十分と定めていますが、何の苦情もありません。月次祭については、月に一回で、しかも日中に行うので、近隣住民の側の受忍限度が高くなり、朝づとめのような問題は少なくなります。この場合も、近隣住民には「おつとめは毎月○日の○時から○時までです」と、きちんと知らせておきましょう。

国々所々における陽気ぐらしの手本となろう

他宗教からの反対や攻撃にひるむ必要はありませんが、お道を世界へ広める以上、その世界と対立しては何にもなりません。何を言われても何をされても、心を低くして相手の理解を得られるよう、日々の布教の際には、慎《つつし》みと誠の心をもって接するようにしましょう。

教会が、その地域になくてはならぬ存在になれば、反対など出てくるはずはありません。教会は、あくまでも国々所々における〝陽気ぐらしの手本〟なのですから。

メモ③

【受忍限度論《じゅにんげんどろん》】社会生活上、一般に受忍すべき限度を超えた権利侵害があったかどうかによって、違法性を判断する考え方です。
裁判所は、行為（この場合は、おつとめ）の社会的価値や公共性、被害の内容、被害者はその事情を知って進んで居住したか、行為の差し止めによる不利益、行為者側はどのような防音措置《そち》をとったか、などを検討して、受忍限度の範囲内か否かを決定します。

専門的な法律知識がないので〝事情だすけ〟に踏み出せない。

相談

いまの世の中、さまざまな〝事情だすけ〟には法律知識が必要なことはよく分かりますが、私にはそんな専門知識がないので、事情のおたすけに踏み出すことがなかなかできません。（教会長）

いま、事情に悩む人の心だすけが求められている

「弁護士・法律知識」は〝事情だすけ〟の修理肥

私がこれまで教会長として、法律家として、さまざまな〝事情だすけ〟に携わってきた中で、気になったことが一つあります。それは「弁護士だからできるのであって、私のような法律を知らない者には、とても事情だすけはできない」という方が少なくないことでした。

この本の「はじめに」の文中で「身上の修理肥である『医者・薬』が、事情の場合は『弁護士・法律知識』ということになるかと思います」と書きました。

たとえば、一般の布教師は、医者のような医学的知識をもって病人のおたすけに掛かっているでしょうか。熱があれば冷やす、風邪《かぜ》を引いたら温かくして休む、おなかが下れば消化の良いものを食べる、といった程度の知識を持ち、重病と思われれば医者にかかることを勧める。そして、おさづけを取り次いだうえで、心の向きを変えるよう諭す——これが、私たちが普段行っている身上だすけではないでしょうか。

私たちは「病の元は心から」というご神言に基づいて、おたすけをさせていただいています。その際、医者・薬を修理肥として上手《じょうず》に利用しています。〝事情だすけ〟における弁護士・法律知識も、これと全く同じことなのです。

〝事情の元も心から〟と肝に銘じて

現代の事情だすけの代表的なものは、サラ金（多重債務）、離婚、遺産相続の問題でした。これ以外にも、世の中に事情の種は尽きませんが、教会長であり弁護士という資格を持つ私の立場から言えば、法律知識だけで事情の解決はできない、ということを実感しています。

たとえば、刑事事件を起こし、被告人として裁《さば》かれるとき、ほとんどの被告人は法廷で反省の涙を流します。その姿だけを見ていれば、二度と犯罪を起こすはずはないと思います。

しかし現実には、刑務所に入る人の再犯率[メモ①]は五〇パーセントを超えているのです。あの涙は嘘《うそ》だったのでしょうか。

また、サラ金などからの借金がかさんでいる多重債務者も、死ぬほどの苦しみを味わいます。いくつかある解決方法の一つによって、その苦しみから逃《のが》れたとき、「もう二度と借金はしない」と誰《だれ》もが心に誓います。しかし、早い人では半年も経《た》たないうちに、また借金を繰り返すのです。あの誓いは嘘だったのでしょうか。

結論からいえば、刑事被告人の涙も、多重債務者の誓いも、すべて本心から出たもので、決して嘘ではありません。

医者や薬だけでは病の根が切れないように、弁護士や法律知識だけでは真の事情の解決には至らないのです。病の元が心にあるように、事情の元も心にあるからです。悪《あ》しきほこりの心遣いや、それが積もり重なったいんねんといったものが、犯罪、多重債務、離婚、遺産相続争いという形をとって表

専門的な法律知識がないので〝事情だすけ〟に踏み出せない。

メモ①

【再犯率】 刑の執行を受けた者が出所後、再び犯罪を起こす比率をいいます。『犯罪白書』の平成12(2000)年度の統計では、満期で刑務所を出所した成人の50%が4年以内に再び刑務所に入ることが示されています。また、暴走族犯罪の再犯率は80%を超えているのです。

に現れていると考えてよいでしょう。

事情に苦しんでいる人は、頭では悪いことと分かっていながら、どうすることもできずに、犯罪や借金などに翻弄《ほんろう》されているのです。病気になりたくないのに病気になってしまうことと似ています。

布教師の出番は心だすけにある

ここに、おたすけに当たる布教師の重要な役割があります。

一般の弁護士は、依頼者の目の前の苦しみを取り去るために、あらゆる方法を考え、その人にとって〝最も良い方法〟を選んでくれます。ここでいう最も良い方法とは、早期に、確実に、しかも安価にできる方法のことです。

たとえば、サラ金などからの厳しい催促に苦しんでいる人には、すぐにサラ金業者等への通知（これを「介入通知」メモ②という）をして、本人への直接の催促をやめさせ、「自己破産」の申し立てをすると同時に、破産手続《てつづき》廃止と免《めん》責《せき》・復権《ふっけん》を得るという法的手段をとります。これにより、債務に苦しんでいた人は、極端な言い方をすれば「一瞬にして」借金が消え、日常生活にも何ら制限がなくなり、借金をする前の平穏《へいおん》

メモ②

【介入通知】弁護士が、サラ金事件等の処理の依頼を受けたことを、業者に通知することをいいます。受任通知とか介入通知といい、これがなされると、業者は本人への直接の催促や取り立てを控《ひか》えるようになります。「破産」した場合など、介入通知以後の取り立て分は取り戻すことができます。

いまこそ、心だすけを使命とするお道の布教師が求められている

な生活に戻ることができるのです。これが弁護士の役割です。

ここには、布教師の出番がないように思えます。しかし、先に述べたような、弁護士による一般的な解決は、真の解決にはつながりません。事情の元が心にあることを考えれば、さんげをして心の向きを変えない限り、同じことを必ず繰り返すからです。ここにこそ、心だすけの布教師の出番があります。

おたすけをする人には、そのような事情が生じたことについて、法的対応をする前の段階から、本人の心遣いが間違っていたことを自覚させるという大切な役割があります。具体的には、現実に悩み苦しんでいることへの手当てを弁護士に依頼する一方で、その事情が生じたのは、心遣いに原

専門的な法律知識がないので〝事情だすけ〟に踏み出せない。

因があることを教え、本人が真に心の向きを変えるまで導き続けることが何よりも大切なのです。

信頼される布教師の必須条件とは

これまでにも、面識のない布教師の方々が、ご質問にあるような内容で、私の法律事務所を訪ねてこられました。要するに、自分には法律知識がないからおたすけはできないが、とにかく天理教の話を聞いてもらうために「知り合いの弁護士を紹介する」と言って事情に悩む人を連れてきた、というのです。

確かに、依頼されれば話を伺うのが弁護士の仕事ではありますが、他人任せというか、人のフンドシで相撲《すもう》をとるようなやり方には、あまり感心できませんでした。それ以前に、事情が生じた原因を突きとめようともせず、「法律知識のない私には事情だすけはできない」と簡単に結論を出すこと自体が問題だと思われたので、このことを、訪ねてこられた布教師の方々にもお話ししました。

現代人は好むと好まざるとにかかわらず、さまざまな組織や制度、また複雑な社会関係の中で生活せざるを得ません。ほとんどの人は、社会生活上の多くの問題を抱えて暮らしています。悩みごとや気になることが一つもないという人は、おそらくいないでしょう。

こうした社会生活上の問題と、心の問題（信仰）との間には何の因果関係もない、と思っている人の多いことが、現代社会が混迷している原因だと私は思います。すべての社会問題や、個人が抱える社会生活上の問題は、ことごとく心の使い方が原因で生じているということを世の中に向けて発言するとともに、事情に悩む人たちの心だすけを使命とするお道の布教師こそが、いま求められているのです。

確かに、簡単な法律知識は身につけておいたほうがいいと思います。しかしながら、中途半端な法律知識を振り回すより、詳しいことは専門家である弁護士に任せ、たとえば「私には十分な法律知識はありませんが、このような事情が生じた原因をしっかりと見極め、心の向きを変えるお手伝いをしたい」というように、おたすけ人としての誠真実を示すことこそ、信頼される布教師の必須条件ではないでしょうか。

宗教者には大きな権限と責務が付与されている

裁判所では、証人として呼ばれた者は証言を拒否できません。拒否すると刑罰が与えられます（民訴法二〇〇条、刑訴法一六一条）。

しかし、宗教者については、証人として裁判に呼ばれても「証言拒否権」が認められており、逆に、他人の秘密を漏《も》らすと、守秘義務違反（メモ③）により懲役《ちょうえき》刑まで科《か》せられることがあります（刑法一三四条）。

このように、宗教者（布教師）には、おたすけによって知り得た秘密を漏らしてはならないという厳しい黙秘義務があります。

言い換えれば、このことは、法律が宗教を私生活において重要なものと捉《とら》えており、それに携わる人に、高い評価を与えていることを示しています。

私も一布教者として、この社会的評価に値するにをいがけ・おたすけをしているだろうかと、いつも自問しています。

神と世界と人間の順序をはじめ、法律と心の関係をも明示されている有名なおさしづがあります。

さあ〳〵月日がありてこの世界あり、世界ありてそれ〳〵あり、それ〳〵ありて身の内あり、身の内ありて律あり、律ありても心定めが第一やで。

（明治20・1・13）

たとえ法律があっても、親神様に通じる誠の心、すなわち、人をたすける心を定めることが何より大切であると教えられているのです。このことを、私たちはあらためて心に治め、事情だす

メモ③

【守秘義務違反】キリスト教の牧師が信者の告白を外部に漏らした事例で、裁判所は「聖職者の守秘義務は、宗教上の義務にとどまらず、法律上も守秘義務があり、不法行為が成立する」として損害賠償の支払いを命じています（東京高裁、平成11年12月16日）。

けに励ませていただきたいものです。
お道の布教師には、教祖《おやさま》からの切なるご期待は言うまでもなく、社会からも大きな権限と責務が付与されているのです。

専門的な法律知識がないので
〝事情だすけ〟に踏み出せない。

あとがき

私が弁護士資格をもつよふぼくであることを知っている方たちから、時折、法律相談を受けることはありました。

ところが、平成七（一九九五）年に教会長を拝命する前後から、その件数が激増し、教会には日本中の見ず知らずの教友の方々から、ひっきりなしに電話がかかってくるようになりました。これに加え、返信用封筒を同封した長文の質問状が一方的に届くこともあり、教会はあたかも〝法律相談所〟の様相を呈《てい》するほどでした。

自分自身の事情を相談してくる方もありましたが、多くは布教師、教会長の方からのおたすけの相談でした。

私は、都内で法律事務所を開設しており、日常的に布教の第一線に出られないことが悩みでもあったため、「布教師の皆さん方の手助けになるのなら」と、できる限りのお手伝いをしてきたつもりでしたが、これにもおのずと限界があります。そして、質問の内容は、きわめて初歩的なものが多いことも分かりました。

そんな折、道友社の松本泰歳《まつもとやすとし》デスクから「『みちのとも』誌上に〝事情だすけ〟に役立つ法律知識のコーナーを設けたいのですが……」とのお話があり、「これこそ親神様の思召《おぼしめし》」とばかりに飛びついたのが、連載のきっかけです。

快く引き受けてはみたものの、教団の機関誌におかしなものは書けないと、にわかに後悔したものです。しかし「私の拙文《せつぶん》が、日夜おたすけに努力されている布教師の方たちのお役に立つのなら」と考え直し、執筆に掛かりました。

連載が始まると、何人かの教会長さんからお褒《ほ》めの言葉を頂き、さらには毎号コピーをしてファイルしておられる方もあり、期待の大きさに勇気づけられました。連載中（立教一六五年四月号～一六七年六月号）は、執筆が全く苦になりませんでした。私にとっては本当に不思議なことです。

この本は、『みちのとも』誌上に連載をお許しいただいた上田嘉太郎《うえだよしたろう》道友社長をはじめ、拙文の表現について毎回きわめて適切なアドバイスを下さった松本デスク、とかく固くなりがちな誌面を、ほのぼのとしたタッチの挿絵《さしえ》で読みやすくしてくださった森本誠《もりもとまこと》さんの協力なくしては、完成しなかったはずです。そして何より、連載中から激励してくださった読者の皆さん方のおかげです。

出版されるに当たり、あらためて深く御礼申し上げます。

平成十六（二〇〇四）年十一月

羽成　守

(財)日弁連交通事故相談センター一覧 ◎=示談の斡旋をしている相談所

相談所名	所在地	電話番号
◎本　部	千代田区霞が関1-1-3　弁護士会館14階	03(3581)4724
◎札　幌	札幌市中央区大通西10　南大通ビル7階	011(251)7730
新札幌	札幌市厚別区厚別中央2条5丁目サンピアザ3階 新さっぽろ法律相談センター内	011(896)8373
小　樽	小樽市花園2-6-7　小樽プラムビル5階 おたる法律相談センター内	0134(23)8373
室　蘭	室蘭市中島町1-24-11　中島中央ビル4階 むろらん法律相談センター内	0143(47)8373
苫小牧	苫小牧市表町6-2-1　サンプラザ6階 苫小牧法律相談センター内	0144(35)8373
函　館	函館市上新川町1-3　弁護士会館内	0138(41)0232
旭　川	旭川市花咲町4　弁護士会館内	0166(51)9527
釧　路	釧路市柏木町4-3　弁護士会内	0154(41)0214
青　森	青森市長島1-3-17　阿保歯科ビル3階　弁護士会内	017(777)7285
弘　前	弘前市大字下白銀町7　弁護士会支部内	0172(33)7834
八　戸	八戸市根城9-13-6　弁護士会支部内	0178(22)8823
岩　手	盛岡市大通1-2-1　サンビル2階　弁護士会内	019(623)5005
◎仙　台	仙台市青葉区一番町2-9-18　弁護士会館内	022(223)7811
秋　田	秋田市山王6-2-7　弁護士会館内	018(862)3770
◎山　形	山形市七日町2-7-10　NANA-BEANS 8F	023(635)3648
酒　田	酒田市本町2-2-45　市役所内	023(635)3648
鶴　岡	鶴岡市馬場町9-25　市役所内	023(635)3648
福　島	福島市山下町4-24　弁護士会館内	024(536)2710
郡　山	郡山市麓山1-2-26　弁護士会支部内	024(922)1846
◎水　戸	水戸市大町2-2-75　弁護士会館内	029(221)3501
◎栃　木	宇都宮市小幡2-7-13　弁護士会館内	028(622)2008
◎前　橋	前橋市大手町3-6-6　弁護士会内	027(234)9321
太　田	太田市浜町3-6　太田商工会議所会館2階	0276(46)4824
◎埼　玉	さいたま市浦和区高砂4-2-1　浦和高砂パークハウス1階 埼玉弁護士会法律相談センター内	048(710)5666
◎千　葉	千葉市中央区中央4-13-12　弁護士会内	043(227)8530
◎東　京	千代田区霞が関1-1-3　弁護士会館3階	03(3581)1782
三多摩	八王子市明神町4-1-11　多摩弁護士会館内	0426(45)4540
八王子	八王子市元本郷町3-24-1　市役所内	0426(20)7227
立　川	立川市錦町3-2-26　市役所内	042(523)2111
武蔵野	武蔵野市緑町2-2-28　市役所内	0422(51)5131
三　鷹	三鷹市野崎1-1-1　市役所内	0422(45)1151
青　梅	青梅市東青梅1-177-3　青梅市福祉センター 1階	0428(22)2816
府　中	府中市宮西町2-24　市役所内	042(366)1711
昭　島	昭島市田中町1-17-1　市役所内	042(544)5122

調　　布	調布市小島町2-35-1　市役所内	0424(81)7111
町　　田	町田市中町1-20-23　市役所内	042(724)2102
小 金 井	小金井市本町6-6-3　市役所内	042(387)9818
小　　平	小平市小川町2-1333　市役所内	042(341)1211
日　　野	日野市神明1-12-1　市役所内	042(585)1111
東 村 山	東村山市本町1-2-3　市役所内	042(393)5111
国 分 寺	国分寺市戸倉1-6-1　市役所内	042(325)0111
国　　立	国立市富士見台2-47-1　市役所内	042(576)2111
西東京(田無)	西東京市南町5-6-13　市役所田無庁舎内	0424(64)1311
西東京(保谷)	西東京市中町1-5-1　市役所保谷庁舎内	0424(64)1311
福　　生	福生市本町5　市役所内	042(551)1511
狛　　江	狛江市泉本町1-1-5　市役所内	03(3430)1111
武蔵村山	武蔵村山市本町1-1-1　市役所内	042(565)1111
東 大 和	東大和市中央3-930　市役所内	042(563)2111
清　　瀬	清瀬市中里5-842　市役所内	0424(92)5111
東久留米	東久留米市本町3-3-1　市役所内	0424(70)7777
多　　摩	多摩市関戸6-12-1　市役所内	042(338)6806
稲　　城	稲城市東長沼2111　市役所内	042(378)2286
あきる野	あきる野市二宮350　市役所内	042(558)1111
羽　　村	羽村市緑ヶ丘5-2-1　市役所内	042(555)1111
◎横　　浜	横浜市中区日本大通り9　弁護士会内	045(211)7700
山　　梨	甲府市中央1-8-7　弁護士会内	055(235)7202
長　　野	長野市妻科432　弁護士会内	026(232)2104
松　　本	松本市丸の内10-35　弁護士会支部内	0263(35)8501
◎新　　潟	新潟市学校町通一番町1　弁護士会内	025(222)3765
長　　岡	長岡市三和3-9-28　弁護士会支部内	0258(35)8373
三　　条	三条市荒町2-1-8　三条市体育文化センター3階	025(222)3765
上　　越	上越市土橋1914-3　上越市市民プラザ	025(222)3765
村　　上	村上市三之町1-1　村上市役所5階会議室	0254(53)2111
佐　　渡	佐渡市湊198　佐渡島開発総合センター	025(222)3765
	佐渡市河原田本町394　佐渡中央会館	025(222)3765
富　　山	富山市西田地方町2-7-5　弁護士会内	076(421)4811
金　　沢	金沢市丸の内7-2　弁護士会内	076(221)0242
福　　井	福井市順化1-24-43　ストークビル福井一番館3階 弁護士会内	0776(23)5255
◎岐　　阜	岐阜市端詰町22　弁護士会内	058(265)0020
静　　岡	静岡市追手町10-80　弁護士会内	054(252)0008
沼　　津	沼津市御幸町21-1　弁護士会支部内	055(931)1848
浜　　松	浜松市鴨江2-1-3　弁護士会支部内	053(455)3009
掛　　川	掛川市亀の甲1-228　あいおい損害保険ビル3階	053(455)3009
菊　　川	小笠郡菊川町堀之内61　菊川町役場安全課	0537(35)0923
三　　島	三島市大社町1-10　三島市役所大社町別館	055(983)2651

下　田	下田市4-1-2　下田市民文化会館	0558(23)5151
◎名古屋	名古屋市中区栄4-1-1　中日ビル3階 栄法律相談センター	052(252)0044
豊　橋	豊橋市大国町110　弁護士会支部内	0532(52)5946
岡　崎	岡崎市竜美西2-1-12　やすらぎビル 弁護士会支部内	0564(54)9449
三　重	津市中央3-23　弁護士会内	059(228)2232
滋　賀	大津市梅林1-3-3　弁護士会内	077(522)2013
◎京　都	京都市中京区富小路通丸太町下ル　弁護士会内	075(231)2378
◎大　阪	大阪市北区西天満4-6-8 弁護士会分館市民法律センター内	06(6364)8289
なんば	大阪市浪速区難波中1-10-4　南海野村ビル3階	06(6645)1273
門　真	門真市中町1-1　市役所内	06(6902)1231
茨　木	茨木市駅前3-8-13　市役所内	072(620)1603
岸和田	岸和田市宮本町27-1　泉州ビル2階	0724(33)9391
堺	堺市南花田口町2-3-20　住友生命堺東ビル6階	072(223)2903
◎神　戸	神戸市中央区橘通1-4-3　弁護士会内	078(341)1717
尼　崎	尼崎市東七松町1-23-1　市役所内	06(6489)6404
明　石	明石市中崎1-5-1　市役所内	078(912)1111
◎奈　良	奈良市登大路町5　弁護士会内	0742(22)2035
南　和	五條市今井2-212-1　ナントビル2階 弁護士会南和法律相談センター内	07472(3)5234
和歌山	和歌山市四番丁5　弁護士会内	073(422)4580
鳥　取	鳥取市東町2-221　弁護士会内	0857(22)3912
米　子	米子市西町62　弁護士会支部内	0859(23)5710
島　根	松江市母衣町55-4　松江商工会議所ビル7階 弁護士会内	0852(21)3450
石　見	浜田市田町116-12 浜田市田町分室石見法律相談センター内	0855(22)4514
◎岡　山	岡山市南方1-8-29　弁護士会内	086(223)4401
倉　敷	倉敷市幸町3-33　倉敷弁護士室内	086(422)0478
津　山	津山市椿高下52　津山弁護士室内	0868(22)0464
井　笠	笠岡市六番町1-10　笠岡市民会館	086(234)1811
東　備	和気郡和気町尺所555　和気町総合福祉センター内	086(234)5700
阿　新	新見市高尾2488-13　新見市朋友館内	086(233)4343
高　梁	高梁市向町21-3　高梁市総合福祉センター内	086(221)2133
勝　英	英田郡美作町入田291-2　勝英地方振興局内	086(224)8845
真　庭	真庭郡勝山町勝山319番地 勝山町民センター真庭法律相談センター内	086(225)0779
◎広　島	広島市中区基町6-27　広島そごう新館6階 紙屋町法律相談センター内	082(225)1600
東広島	東広島市西条西本町28-6　サンスクエア東広島2階	

	東広島市民文化センター研修室3 ひがし広島法律相談センター内	082(421)0021
呉	呉市西中央4-1-46 弁護士会内	0823(24)6755
尾道	尾道市新浜1-12-4 弁護士会内	0848(22)4237
福山	福山市若松町10-7　若松ビル2階202号室 法律相談センター福山内	084(973)5900
備北	三次市十日市西6-10-45　みよしまちづくりセンター 備北法律相談センター内	0824(64)1008
山口	山口市黄金町2-15　弁護士会内	083(922)0087
下関	下関市南部町1-1　市役所内	0832(31)1111
萩	萩市大字東田町64　萩法律相談センター内	0838(24)0500
徳島	徳島市徳島本町2-32　弁護士会内	088(652)5768
◎高松	高松市丸の内2-22　弁護士会内	087(822)3693
◎愛媛	松山市三番町4-8-8　弁護士会内	089(941)6279
◎高知	高知市越前町1-5-7　弁護士会内	088(822)4867
◎福岡	福岡市中央区渡辺通5-23-8　サンライトビル3階 天神弁護士センター内	092(741)3208
久留米	久留米市篠山町12-3　パークノヴァ久留米中央307 久留米法律相談センター内	0942(30)0144
飯塚	飯塚市新立岩4-4　クレイン3ビル5階 飯塚法律相談センター内	0948(28)7555
いとしま	前原市前原中央2-6-18　平ビル2階 いとしま弁護士センター内	092(321)4400
むなかた	宗像市東郷2-1-16　むなかた弁護士センター内	0940(34)8266
甘木	甘木市大字菩提寺487-1　甘木弁護士センター内	0946(21)6633
博多駅前	福岡市博多区博多駅前2-3-7　サンエフビル3階 博多駅前法律相談センター内	092(433)8301
二日市	筑紫野市二日市北1-3-8　スパシオコモドビル2階 二日市法律相談センター内	092(918)8120
◎北九州	北九州市小倉北区金田1-4-2　弁護士会部会内	093(561)0360
◎佐賀	佐賀市中の小路4-16　弁護士会内	0952(24)3411
長崎	長崎市栄町1-25　長崎ＭＳビル4階　弁護士会内	095(824)3903
佐世保	佐世保市光月町9-4　弁護士会支部内	0956(22)9404
五島	福江市池田町1-2　福江文化会館内	095(824)3903
◎熊本	熊本市京町1-13-11　弁護士会内	096(325)0913
大分	大分市中島西1-3-14　弁護士会内	097(536)1458
宮崎	宮崎市旭1-8-28　弁護士会内	0985(22)2466
鹿児島	鹿児島市易居町2-3　弁護士会内	099(226)3765
◎那覇	那覇市楚辺1-5-17　プロフェスビル那覇2階203号室	098(835)4343
コザ	沖縄市松本3-1-6 田仲アパート202号室 法律相談センター沖縄支部内	098(835)4343
石垣	石垣市字大川179-2-1階	09808(8)8688

交通事故紛争処理センター一覧

	所在地	電話番号 FAX
本部		
東　京	東京都新宿区西新宿2-6-1 新宿住友ビル44階	03(3346)1756 03(3346)8714
支部		
名古屋	名古屋市中村区名駅南2-14-19 住友生命名古屋ビル24階	052(581)9491 052(581)9493
札　幌	札幌市中央区大通西10丁目 南大通ビル7階	011(281)3241 011(261)4361
福　岡	福岡市中央区天神1-9-17 千代田生命福岡ビル10階	092(721)0881 092(716)1889
広　島	広島市中区立町1-20 広島長和ビル5階	082(249)5421 082(245)7981
大　阪	大阪市中央区北浜2-5-23 小寺プラザビル4階南側	06(6227)0277 06(6227)9882
高　松	高松市丸の内2-22 香川県弁護士会館3階	087(822)5005 087(823)1972
仙　台	仙台市青葉区中央2-2-1 仙台三菱ビル(東京三菱銀行)4階	022(263)7231 022(268)1504
相談室		
さいたま	さいたま市大宮区吉敷町1-75-1 太陽生命大宮吉敷町ビル2階	048(650)5271 048(650)5272
金　沢	金沢市本町2-11-7 金沢フコク生命駅前ビル12階	076(234)6650 076(234)6651

索　引

羽成 守（はなり・まもる）

1947年（昭和22年） 東京都江東区生まれ
1970年（昭和45年） 中央大学法学部法律学科卒業
1976年（昭和51年） 弁護士登録（東京弁護士会）
1988年（昭和63年） 東京地方裁判所鑑定委員
1989年（平成元年） 民事調停委員（現職）
1995年（平成７年） 日帝《にってい》分教会４代会長拝命
財団法人法律扶助協会理事
中央大学法学部兼任講師（現職）
1999年（平成11年） 日本弁護士連合会（日弁連）常務理事
2001年（平成13年） 財団法人日弁連交通事故相談センター東京支部長
2004年（平成16年） 中央大学法科大学院客員講師（現職）

事情《じじょう》だすけに役立《やくだ》つ法律知識《ほうりつちしき》

立教167年（2004年） 12月1日　初版第１刷発行

著　者　羽成　守

発行所　天理教道友社
〒632-8686　奈良県天理市三島町271
電話　0743（62）5388
振替　00900-7-10367

印刷所　株式会社天理時報社
〒632-0083　奈良県天理市稲葉町80

ISBN 4-8073-0497-6
定価はカバーに表示